Meditações metafísicas

Dados Internacionais de Catalogação na Publicação (CIP)
(Câmara Brasileira do Livro, SP, Brasil)

Descartes, René, 1596-1650
 Meditações metafísicas / René Descartes ; tradução de Gentil Avelino Titton. – 1. ed. – Petrópolis, RJ : Vozes, 2022. – (Coleção Vozes de Bolso)
 Título original: Les méditations métapysiques de René Descartes
 ISBN 978-65-5713-660-7
 1. Metafísica I. Título II. Série.

22-116340   CDD-110

Índices para catálogo sistemático:
1. Metafísica   110

Cibele Maria Dias – Bibliotecária – CRB-8/9427

René Descartes

Meditações metafísicas

Tradução de Gentil Avelino Titton

Vozes de Bolso

Tradução realizada a partir do original em francês
intitulado *Les méditations métaphysiques*.

© desta tradução:
2022, Editora Vozes Ltda.
Rua Frei Luís, 100
25689-900 Petrópolis, RJ
www.vozes.com.br
Brasil

Todos os direitos reservados. Nenhuma parte desta obra poderá ser
reproduzida ou transmitida por qualquer forma e/ou quaisquer
meios (eletrônico ou mecânico, incluindo fotocópia e gravação)
ou arquivada em qualquer sistema ou banco de dados sem
permissão escrita da editora.

CONSELHO EDITORIAL

Diretor
Gilberto Gonçalves Garcia

Editores
Aline dos Santos Carneiro
Edrian Josué Pasini
Marilac Loraine Oleniki
Welder Lancieri Marchini

Conselheiros
Francisco Morás
Ludovico Garmus
Teobaldo Heidemann
Volney J. Berkenbrock

Secretário executivo
Leonardo A.R.T. dos Santos

Diagramação: Sheilandre Desenv. Gráfico
Revisão gráfica: Anna Carolina Guimarães
Capa: Ygor Moretti

ISBN 978-65-5713-660-7

Este livro foi composto e impresso pela Editora Vozes Ltda.

Sumário

Epístola, 7
Aos Senhores decanos e doutores da Sagrada Faculdade de
Teologia de Paris

Do editor para o leitor, 13

Sinopse das seis meditações seguintes, 17

Primeira meditação, 25
Sobre as coisas que podem ser postas em dúvida

Segunda meditação, 33
Sobre a natureza do espírito humano e que ele é mais fácil
de ser conhecido do que o corpo

Terceira meditação, 45
Sobre Deus: que Ele existe

Quarta meditação, 66
Sobre o verdadeiro e o falso

Quinta meditação, 77
Sobre a essência das coisas materiais; e, novamente, sobre
Deus: que Ele existe

Sexta meditação, 87
Sobre a existência das coisas materiais e sobre a real
distinção entre a alma e o corpo do homem

Epístola
Aos Senhores decanos e doutores da Sagrada Faculdade de Teologia de Paris

Senhores,

A razão que me leva a apresentar-vos esta obra é tão justa – e estou certo de que, quando conhecerdes seu propósito, vós também tereis uma razão tão justa para tomá-la sob vossa proteção – que, a meu ver, para torná-la de certa forma recomendável a vós, nada melhor posso fazer do que dizer-vos em poucas palavras o que nela me propus.

Sempre pensei que estas duas questões, sobre Deus e sobre a alma, eram as principais entre aquelas devem ser demonstradas antes por meio da filosofia do que por meio da teologia: porque, embora nos baste, a nós que somos fiéis, acreditar mediante a fé que existe um Deus e que a alma humana não morre com o corpo, certamente parece impossível persuadir os infiéis a aceitar qualquer religião, ou mesmo qualquer virtude moral, se antes não lhes provarmos estas duas coisas mediante a razão natural. E, visto que muitas vezes se propõem nesta vida maiores recompensas aos vícios do que às virtudes, poucas pessoas prefeririam o justo ao útil, se não forem refreadas nem pelo temor de Deus nem pela espera de uma outra vida. E, embora seja absolutamente verdadeiro que é necessário crer que há um Deus, porque assim se ensina nas Sagradas Escrituras, e por outro lado é necessário acreditar nas Sagradas Escrituras, porque elas vêm de Deus, e isto porque, sendo a fé um dom de Deus, este mesmo Deus que dá a graça para levar a crer nas outras coisas pode dá-la também para levar-nos a crer que ele existe; não se poderia, no entanto, propor isso aos infiéis, que poderiam imaginar que, com isso, se cometeria a falta que os lógicos denominam um Círculo.

Na verdade, tomei cuidado para que vós, Senhores, e todos os teólogos, não se assegurassem apenas que a existência de Deus pode ser provada pela razão natural, mas também que da Sagrada Escritura se deduz que seu conhecimento é muito mais claro do que aquele que se possui de muitas coisas criadas e que, com efeito, é tão fácil que os que não o possuem são culpados. Isto fica evidente nas palavras do livro da Sabedoria, capítulo 13, em que se diz: "Sua ignorância não é perdoável, porque, se seu espírito penetrou tanto no conhecimento das coisas do mundo, como é possível que não tenham encontrado mais facilmente o Senhor soberano?" E, em Romanos, capítulo 1, se diz que eles são indesculpáveis. E ainda, no mesmo lugar, com as palavras: "o que é conhecido a respeito de Deus se torna manifesto neles", parece que somos advertidos de que tudo aquilo que se pode saber a respeito de Deus pode ser mostrado por razões que não precisamos procurar em outro lugar senão em nós mesmos e que nosso espírito por si só nos pode fornecer. Por isso, pensei que não seria fora de propósito mostrar aqui como isto pode ser feito e qual caminho é preciso seguir para chegar ao conhecimento de Deus com mais facilidade e certeza do que conhecemos as coisas deste mundo.

E no que diz respeito à alma, embora muitos tenham acreditado que não é fácil conhecer-lhe a natureza e alguns tenham até ousado dizer que as razões humanas nos persuadiam de que ela morria com o corpo e que só a Fé nos ensina o contrário, contudo, visto que o Concílio do Latrão, realizado sob Leão X, na sessão 8, os condena e os ordena expressamente que os filósofos cristãos respondam aos seus argumentos e empenhem todas as forças de seu espírito para mostrar a verdade, não hesitei em empreender a tarefa neste escrito.

Além disso, sabendo que a razão principal que leva muitos ímpios a não crer que existe um Deus e que a alma humana se distingue do corpo consiste em dizerem que ninguém até agora conseguiu demonstrar estas duas coisas – embora não compartilhe sua opinião, mas creia, pelo contrário, que quase todas as razões aduzidas por tantos grandes personagens, no tocante a estas duas questões, se forem bem entendidas, são outras tantas demonstrações, e que seja quase impossível inventar novas – estimo que nada se poderia fazer de mais útil na filosofia do que procurar uma vez curiosamente e com cuidado as melhores e mais sólidas e dispô-las em uma ordem tão clara e tão exata que conste doravante para todos que se trata de demonstrações verdadeiras.

E, por fim, visto que muitas pessoas me pediram que o fizesse, sabendo que eu cultivara certo método para resolver todo tipo de dificuldades nas ciências – método que realmente não tem nada de novo, pois não há nada mais antigo do que a verdade, mas sabendo que me servi dele com bastante sucesso em outras ocasiões –, pensei ser meu dever tentar alguma coisa sobre este tema.

Ora, fiz tudo o que me era possível para incluir neste tratado tudo o que se pode dizer sobre este assunto. Não que eu tenha reunido aqui todas as diversas razões que se possa aduzir para servirem de prova para nosso tema, pois nunca acreditei que isso fosse necessário, a não ser quando não há nenhuma suficientemente certa. Mas tratei apenas das primeiras e principais, de tal modo que ouso propô-las como demonstrações muito evidentes e muito certas. E acrescentarei, além disso, que elas são tais que penso não haver para o espírito humano nenhum meio para poder jamais descobrir melhores; pois a importância do assunto e a glória de Deus, à qual tudo isto se remete, me obrigam a falar aqui de mim um pouco mais livremente do que costumo fazer. No entanto, seja qual for a certeza e evidência que encontro em minhas razões, não posso persuadir-me de que todos sejam capazes de entendê-las.

Porém, assim como na geometria há diversas coisas que nos foram legadas por Arquimedes, por Apolônio, por Papo e por muitos outros, que são aceitas por todos como muito certas e muito evidentes – por não conterem nada que, considerado separadamente, não seja fácil de compreender, e por não conterem nada cujas consequências não se encaixem e não se harmonizem muito bem com os antecedentes – e que, no entanto, por serem um pouco longas e exigirem um espírito totalmente atento, só são compreendidas e entendidas por muito poucas pessoas, da mesma forma, embora eu estime que aquelas de que me sirvo aqui igualem ou mesmo superem em certeza e evidência as demonstrações da geometria, receio no entanto que não possam ser compreendidas suficientemente por muitos, seja por serem também um pouco longas e mutuamente dependentes, seja, principalmente, por exigirem um espírito totalmente livre de todos os preconceitos e capaz de desligar-se facilmente da associação com os sentidos. E, na verdade, não se encontram no mundo pessoas mais aptas às especulações metafisicas do que às especulações da geometria. E, além disso, existe a seguinte diferença: como, na geometria, todos estão convencidos de que não se pode apresentar nada que não tenha uma demonstração certa, os que não são totalmente versados pecam muito mais frequentemente aprovando demonstrações falsas, a fim de levar a crer que as compreendem, do que refutando as verdadeiras. Isto não ocorre na filosofia, na qual, acreditando cada um que todas as suas proposições são problemáticas, poucas pessoas se dedicam à busca da verdade; e muitos até, desejando adquirir a fama de livres-pensadores, não se dedicam senão a combater arrogantemente as verdades mais evidentes.

Por isso, Senhores, seja qual for a força das minhas razões, por dizerem respeito à filosofia, não espero que causem grande impacto nos espíritos, a não ser que as tomeis sob vosso patrocínio. Mas é tão grande a estima que todos têm por vossa faculdade, e o nome da Sorbonne possui tanta a autoridade que, não só no tocante à Fé, após os sagrados Concílios, jamais foi dado tanto crédito a nenhuma outra faculdade, mas também, no tocante à filosofia humana, todos acreditam que em parte alguma se pode encontrar mais solidez e conhecimento, nem maior prudência e integridade para proferir um julgamento. Não duvido, se vos dignardes cuidar deste escrito ao ponto de querer, em primeiro lugar, corrigi-lo – porque, conhecendo não só minha imperfeição, mas também minha ignorância, não ouso assegurar que ali não haja quaisquer erros – e, em segundo lugar, após acrescentar as coisas que faltam, completar as que não são perfeitas, e vós mesmos terdes a bondade de dar uma explicação mais ampla àquelas que disso precisam, ou ao menos advertir-me para que eu o faça, e, finalmente, depois que as razões pelas quais provo que existe um Deus e que a alma humana difere do corpo atingirem aquela clareza e evidência à qual confio que se possa levá-las, de maneira que serão consideradas demonstrações muito precisas, desejardes declará-lo e testemunhá-lo publicamente: não duvido, digo eu, de que, se isto for feito, todos os erros e opiniões falsas que sempre houve a respeito destas duas questões serão em breve apagados do espírito dos homens. Porque a verdade fará com que todos os doutos e pessoas inteligentes subscrevam vosso juízo; e vossa autoridade fará com que os ateus, que são geralmente mais arrogantes do que doutos e sensatos, abandonem seu espírito de contradição, ou talvez defendam eles próprios as razões que verão serem aceitas como demonstrações por todas as pessoas dotadas de inteligência, receosos de parecerem desprovidos de inteligência; e, por fim, todos os outros capitularão facilmente diante de tantos testemunhos e não haverá mais ninguém que ouse duvidar da existência de Deus e da distinção real e verdadeira entre a alma humana e o corpo.

Cabe a vós agora avaliar o fruto que advirá desta crença, se for bem estabelecida, a vós que vedes as desordens que sua dúvida produz. Mas não ficaria bem de minha parte recomendar-vos ainda a causa de Deus e da Religião, a vós que sempre fostes seus mais sólidos pilares.

Do editor para o leitor

A satisfação que posso prometer a todas as pessoas de espírito na leitura desse livro, no que se refere ao autor e aos tradutores, obriga-me a tomar o maior cuidado, de minha parte, para contentar também o leitor, por receio de que todo o seu desagrado venha a recair somente sobre mim. Procuro, portanto, satisfazê-lo tanto pelo cuidado que ponho em toda esta impressão quanto por este pequeno esclarecimento, no qual devo chamar a atenção para três coisas que são do meu conhecimento particular e que servirão ao seu. A primeira refere-se ao propósito do autor, quando publicou esta obra em latim. A segunda: como e por que ela aparece agora traduzida para o francês. E a terceira: qual é a qualidade desta versão.

I. Quando o autor, após conceber estas Meditações em seu espírito, resolveu torná-las conhecidas do público, ele o fez tanto por receio de sufocar a voz da verdade quanto com o propósito de submetê-la à prova de todos os doutos. Para isso, ele quis falar-lhes em sua língua e a seu modo, e encerrou todos os seus pensamentos no latim & nos termos da Escola. Sua intenção não foi frustrada e seu livro foi posto em questão nos tribunais da filosofia. As objeções acrescentadas a estas Meditações são um testemunho suficiente e mostram muito bem que os sábios do século se deram ao trabalho de examinar rigorosamente suas proposições. Não cabe a mim julgar com que sucesso o fizeram, porque sou eu quem as apresenta aos outros para que as julguem. Quanto a mim, basta-me acreditar, e assegurar aos outros, que tantos grandes homens não poderiam chocar-se sem produzir muita luz.

II. No entanto, este livro passa das universidades aos palácios dos grandes e cai nas mãos de uma pessoa de condição muito eminente. Depois de ler as Meditações e tê-las julgado dignas de sua memória, deu-se ao trabalho de traduzi-las para o francês: seja porque, por esse meio, desejou tornar apropriadas mais suas e mais familiares estas noções bastante novas, seja porque não teve outro propósito senão prestar uma honra ao autor através de um tão bom sinal de sua estima. Depois, outra pessoa de mérito também não quis deixar imperfeita esta obra tão perfeita e, seguindo as pegadas deste Senhor, expôs em nossa língua as Objeções que se seguem às Meditações, com as Respostas que as acompanham, julgando com razão que, para muitas pessoas, o francês não tornaria estas Meditações mais inteligíveis do que o latim se não fossem acompanhadas pelas Objeções e suas Respostas, que são como seus Comentários. Tendo sido informado do sucesso tanto de umas quanto das outras, o Autor não só consentiu, mas também desejou e solicitou as estes Senhores que aprovassem a impressão de suas versões, porque notara que o número dos que acolheram e receberam suas Meditações com alguma satisfação era maior entre os que não se dedicam à filosofia do que entre os que a ela se dedicam. Assim como fizera sua primeira impressão latina com o desejo de encontrar contraditores, acreditou dever esta segunda edição francesa à acolhida favorável de tantas pessoas que, saboreando desde já seus novos pensamentos, pareciam desejar que deles fossem eliminados a língua e o gosto da Escola, para acomodá-los a seu gosto.

III. Em toda parte se encontrará esta versão bastante justa e tão religiosa que jamais se afastou do sentido do autor. Eu poderia assegurá-lo, partindo unicamente do conhecimento que tenho da luz de espírito dos tradutores, que não se terão deixado enganar facilmente. Mas tenho ainda outra certeza mais autêntica, que é a certeza de que reservaram ao autor (como era justo) o direito de revisão e de correção. Ele fez uso deste direito, mas para se corrigir, ao invés deles, e somente para esclarecer seus próprios pensamentos. Quero dizer que, encontrando alguns lugares em que lhe pareceu que não os tornara suficientemente claros no latim para todo tipo de pessoas, ele os quis esclarecer aqui mediante algumas pequenas mudanças, que logo serão reconhecidas ao comparar o francês com o latim. O que deu mais trabalho aos tradutores em toda esta obra foi encontrar um grande número de palavras técnicas, que, sendo rudes e bárbaras no próprio latim, o são muito mais em francês, que é menos livre, menos ousado e menos acostumado a estes termos da Escola. No entanto, não ousaram omiti-los, porque seria necessário alterar o sentido, o que lhes era proibido por terem assumido qualidade de intérpretes. Por outro lado, quando esta versão foi submetida ao autor, ele a achou tão boa que nunca quis modificar-lhe o estilo e sempre se refreou por sua modéstia e pela estima que tem por seus tradutores, de modo que, como ninguém os eliminou, por uma deferência recíproca, esses termos permaneceram nesta obra.

Eu acrescentaria agora, se me fosse permitido, que este livro, contendo Meditações muito livres, e que podem até parecer extravagantes aos que não estão acostumados com as especulações da metafísica, não será nem útil nem agradável aos leitores que não puderem aplicar com muita atenção seu espírito ao que leem, nem se abster de julgar antes de tê-lo examinado suficientemente.

Mas receio que me repreendam por ultrapassar os limites de minha profissão, ou, antes, que eu não os conheça, ao pôr tão grande obstáculo à venda de meu livro por esta ampla exclusão de tantas pessoas para as quais não o julgo apropriado. Calo-me, portanto, e não afugento mais as pessoas. Mas, antes, sinto-me ainda obrigado a advertir os leitores que tragam muita equidade e docilidade à leitura deste livro, porque, se se aproximarem dele com esse mau humor e esse espírito de contrariedade de tantas pessoas que só leem para discutir e que, alardeando procurar a verdade, parecem temerosas de encontrá-la – porque, no momento em que lhes aparece alguma sombra dela, procuram combatê-la e destruí-la – nunca tirarão proveito deste livro nem formarão dele um juízo razoável. É preciso lê-lo sem prevenção, sem precipitação e no intuito de se instruir, dando ao seu autor primeiramente o espírito de aprendiz para depois assumir o espírito de censor. Este método é tão necessário para esta leitura que posso denominá-lo "chave do livro", sem a qual ninguém poderá entendê-lo corretamente.

Sinopse das seis meditações seguintes

Na primeira Meditação apresento as razões pelas quais podemos duvidar, em geral, de todas as coisas e, em particular, das coisas materiais, pelo menos enquanto não tivermos outros fundamentos nas ciências senão os que temos até o presente. Ora, embora a utilidade de uma dúvida tão geral não apareça imediatamente, ela é, no entanto, muito grande no tocante a isso, pois nos liberta de todos os tipos de preconceitos e nos prepara um caminho muito fácil para acostumar nosso espírito a desprender-se dos sentidos e, por fim, faz com que já não possamos mais duvidar das coisas que, em seguida, descobriremos serem verdadeiras.

Na segunda Meditação, o espírito, que, fazendo uso de sua própria liberdade, supõe que não existem todas as coisas de cuja existência ele tenha a menor dúvida, reconhece, no entanto, que é absolutamente impossível que ele próprio não exista. O que é também de grande utilidade, visto que, deste modo, facilmente distingue entre as coisas que pertencem a ela, ou seja, à natureza intelectual, e as que pertencem ao corpo. Mas, visto que pode acontecer que alguns esperem que eu apesente aqui razões destinadas a provar a imortalidade da alma, creio dever chamar sua atenção para o fato de que, tendo procurado não escrever neste tratado nada sobre o que não tivesse demonstrações muito exatas, vi-me obrigado a seguir uma ordem semelhante à ordem de que se servem os geômetras, ou seja, antecipar todas as coisas das quais depende a proposição buscada, antes de tirar alguma conclusão a respeito dela.

Ora, o primeiro e principal requisito que se exige antes de conhecer a imortalidade da alma, é formar dela um conceito claro e nítido e completamente distinto de todos os conceitos que se possa ter a respeito do corpo: o que foi feito nesta segunda Meditação. Além disso, requer-se saber que todas as coisas que concebemos clara e distintamente são verdadeiras de acordo com a maneira como as concebemos, o que não foi possível provar antes da quarta Meditação. Além disso, é preciso ter um conceito distinto da natureza corpórea, que se forma em parte nesta segunda Meditação e, em parte, na quinta e na sexta. E, por fim, é preciso concluir de todo isto que as coisas que são concebidas clara e distintamente como substâncias diferentes, assim como se concebe o espírito e o corpo, são na realidade substâncias diversas e realmente distintas umas das outras. É o que se conclui na sexta Meditação. E isso é também ali confirmado, porque não concebemos nenhum corpo que não seja divisível, ao passo que o espírito ou alma do homem só se pode conceber como indivisível; porque, com efeito, não podemos conceber a metade de nenhuma alma, como podemos fazer com qualquer corpo, por menor que seja; de modo que suas naturezas não são só reconhecidas como diversas, mas até, de certa forma, como contrárias.

Ora, é preciso que saibam que não me ocupei em dizer algo mais sobre este assunto neste tratado, tanto porque isto basta para mostrar muito claramente que da corrupção do corpo não se segue a morte da alma, deixando, assim, aos homens a esperança de uma segunda vida após a morte, como também porque as premissas a partir das quais se pode concluir a imortalidade da alma dependem da explicação de toda a física. Em primeiro lugar, para que se saiba que todas as substâncias em geral, ou seja, todas as coisas não podem existir sem serem criadas por Deus, são incorruptíveis por sua natureza e não podem jamais cessar de ser, a não ser que sejam reduzidas a nada por este mesmo Deus que queira negar-lhes seu concurso ordinário. Em seguida, para que se observe que o corpo, tomado genericamente, é uma substância e, por isso, não perece; mas o corpo humano, na medida em que difere dos outros corpos, é formado e constituído apenas por certa configuração de membros e de outros acidentes semelhantes; e a alma humana, pelo contrário, não é constituída por quaisquer acidentes, mas é pura substância. Porque, embora todos os seus acidentes mudem – por exemplo, que ela conceba certas coisas, queira outras, sinta outras etc. –, ela é, no entanto, sempre a mesma alma; ao passo que o corpo humano não é mais o mesmo, pelo simples fato de que a figura de algumas de suas partes se encontre modificada. Daí se segue que o corpo humano pode facilmente perecer, mas que o espírito ou a alma do homem (o que não distingo) é imortal por sua natureza.

Na terceira Meditação, parece-me que expliquei suficiente e minuciosamente o principal argumento utilizado por mim para provar a existência de Deus. No entanto, para que o espírito do leitor possa mais facilmente abstrair-se dos sentidos, não quis usar nesse ponto nenhuma comparação obtida das coisas corpóreas, de modo que talvez tenham permanecido ali muitas obscuridades, que espero sejam totalmente esclarecidas nas respostas que dei às objeções que depois me foram apresentadas. Por exemplo, é bastante difícil entender como a ideia de um ser soberanamente perfeito, ideia que se encontra em nós, contém tanta realidade objetiva, ou seja, participa por representação de tantos graus de ser e de perfeição, que deve necessariamente provir de uma Causa soberanamente perfeita.

Mas esclareci isto nessas respostas, usando a comparação com uma máquina bastante artificial, cuja ideia se encontra no espírito de algum artífice, porque, como o artifício objetivo desta ideia deve ter alguma causa – a saber, a ciência do artífice, ou de qualquer outro do qual ele a aprendeu –, da mesma forma é impossível que a ideia de Deus, que está em nós, não tenha como causa o próprio Deus.

Na quarta Meditação, prova-se que todas as coisas que concebemos muito clara e distintamente são todas verdadeiras e, ao mesmo tempo, explica-se em que consiste a razão do erro ou da falsidade; é necessário saber isso, tanto para confirmar as verdades precedentes como para compreender melhor as que vêm a seguir. No entanto, é necessário observar que aqui não trato absolutamente do pecado, ou seja, do erro que se comete na busca do bem e do mal, mas apenas do erro que acontece no julgar e discernir o verdadeiro do falso. E não pretendo discorrer ali sobre as coisas que pertencem à fé ou à conduta da vida, mas apenas sobre as que se referem às verdades especulativas e conhecidas somente com a ajuda da luz natural.

Na quinta Meditação, além de explicar ali a natureza corpórea considerada em geral, demostra-se também a existência de Deus mediante novas razões, nas quais, entretanto, podem ocorrer algumas dificuldades, mas que serão resolvidas nas respostas às objeções que me foram apresentadas; e mostra-se também ali de que maneira é verdade que a própria certeza das demonstrações geométricas depende do conhecimento de Deus.

Finalmente, na sexta Meditação, faço uma distinção entre a ação do entendimento e a ação da imaginação; e descrevem-se as marcas desta distinção. Mostro ali que a alma do homem é realmente distinta do corpo e, no entanto, está tão estreitamente ligada e unida ao corpo que é como se compusesse com ele uma só coisa. Ali são expostos todos os erros que procedem dos sentidos, bem como os meios de evitá-los. E, por fim, aduzo ali todas as razões a partir das quais se pode deduzir a existência das coisas materiais: não que as considere muito úteis para provar o que elas provam, a saber, que há um mundo, que os humanos possuem corpos e outras coisas semelhantes, que nunca foram postas em dúvida por qualquer homem de bom-senso, mas porque, ao considerá-las de perto, chega-se a conhecer que elas não são tão firmes nem tão evidentes como as que nos levam ao conhecimento de Deus e de nossa alma; de modo que estas são as mais certas e mais evidentes que o conhecimento da mente humana pode alcançar. E isso é tudo o que me propus provar nestas seis Meditações. E isto me leva a omitir aqui muitas outras questões, das quais também falei ocasionalmente neste tratado.

MEDITAÇÕES METAFÍSICAS REFERENTES À FILOSOFIA PRIMEIRA, NAS QUAIS SÃO DEMONSTRADAS A EXISTÊNCIA DE DEUS E A DISTINÇÃO REAL ENTRE A ALMA E O CORPO DO HOMEM

Primeira meditação
Sobre as coisas que podem ser postas em dúvida

Já faz algum tempo que me dei conta de que, desde minha infância, eu admitira como verdadeiras muitas opiniões falsas, e de que aquilo que desde então construí sobre princípios tão pouco seguros só podia ser muito duvidoso e incerto. Portanto, era necessário dispor-me seriamente uma vez na minha vida a desfazer-me de todas as opiniões que aceitara até então em minha crença e recomeçar totalmente a partir dos fundamentos, se desejasse estabelecer algo sólido e permanente nas ciências. Mas, como este empreendimento me parecesse muito importante, esperei até atingir uma idade tão madura que não pudesse esperar outra depois dela em que eu estivesse mais apto para executá-la. Por isso, adiei por tanto tempo que doravante acreditaria cometer um erro se gastasse em deliberações o tempo que me resta para agir.

Portanto, agora que meu espírito está livre de todas as preocupações e consegui um repouso seguro em uma solidão tranquila, aplicar-me-ei seriamente e com liberdade a destruir todas as minhas antigas opiniões em geral. Ora, para atingir esse objetivo, não será necessário provar que todas elas são falsas, o que talvez eu nunca chegaria a concluir; mas, visto que a razão já me convence de que não devo abster-

-me menos cuidadosamente de dar crédito às coisas que não são totalmente certas e indubitáveis do que fazê-lo no tocante àquelas que nos parecem ser manifestamente falsas, o menor motivo que eu nelas encontre para duvidar bastará para me levar a rejeitar todas. E, para isso, não é necessário examinar cada uma em particular, o que exigiria um trabalho infinito; mas, já que a ruína dos alicerces acarreta necessariamente a ruína de todo o resto do edifício, enfrentarei primeiramente os princípios sobre os quais se apoiavam todas as minhas antigas opiniões.

Tudo aquilo que até hoje admiti como sendo o mais verdadeiro e certo, eu o aprendi dos sentidos ou através dos sentidos. Ora, experimentei algumas vezes que esses sentidos são enganadores e é prudente nunca confiar inteiramente naqueles que uma vez nos enganaram.

Mas, ainda que os sentidos às vezes nos enganem no tocante às coisas pouco sensíveis e muito distantes, talvez existam muitas outras das quais não se pode razoavelmente duvidar, embora as conheçamos através dos sentidos: por exemplo, que estou aqui, sentado junto à lareira, vestido com um roupão, tendo este papel nas mãos e outras coisas dessa natureza. E como poderia eu negar que estas mãos e este corpo me pertencem? A não ser que talvez eu me compare a esses loucos cujo cérebro está perturbado e ofuscado pelos negros vapores da bílis a tal ponto que asseguram constantemente que são reis, quando são paupérrimos; que estão trajando ouro e púrpura, quando estão totalmente nus; ou imaginam ser cântaros ou possuir um corpo de vidro. O que dizer? Eles são loucos e eu não seria menos extravagante se me pautasse por seus exemplos.

No entanto, preciso considerar aqui que sou um homem e, por conseguinte, costumo dormir e em meus sonhos representar-me as mesmas coisas – ou, às vezes, coisas menos verossímeis – que esses loucos imaginam quando estão acordados. Quantas vezes me aconteceu sonhar, durante a noite, que eu estava neste lugar, que estava vestido, que estava junto à lareira, embora estivesse completamente nu em minha cama! Mas agora me parece que não é com os olhos adormecidos que contemplo este papel; e que esta cabeça que movimento não está adormecida; que é de propósito e deliberadamente que estendo esta mão e que a sinto: o que acontece durante o sono não me parece tão claro e tão distinto como tudo isto. Mas, pensando nisso meticulosamente, recordo-me ter sido muitas vezes enganado, quando dormia, por ilusões semelhantes. E, detendo-me neste pensamento, vejo muito claramente que não há indícios conclusivos nem sinais suficientemente certos para poder distinguir nitidamente entre o sono e a vigília, de modo que fico completamente estupefato com isso e meu estupor é tanto que quase consegue persuadir-me de que estou dormindo.

Suponhamos, portanto, que agora estamos adormecidos e que todas estas particularidades – a saber, que abrimos os olhos, que movimentamos a cabeça, que estendemos as mãos e coisas semelhantes – não são senão falsas ilusões; e pensemos que talvez nossas mãos, bem como todo o nosso corpo, não são como os vemos. No entanto, é preciso pelo menos admitir que as coisas que nos são representadas no sono são como quadros e pinturas, que não podem ser formados senão com base em uma semelhança com alguma coisa real e verdadeira; e que, assim, pelo menos, essas coisas gerais – a saber, olhos, uma cabeça, mãos e todo o resto do corpo – não são coisas imaginárias, mas verdadeiras e existentes. Porque, na verdade, os pintores, mesmo que se empenhem ao máximo em representar sereias e sátiros em formas bizarras e extraordinárias, não podem, no entanto, atribuir-lhes formas e naturezas totalmente novas, mas se limitam a fazer uma mescla e composição dos membros de diversos animais; ou, então, se talvez sua imaginação for bastante extravagante para inventar alguma coisa tão nova que jamais tenhamos visto algo semelhante, e, dessa maneira, sua obra nos representa uma coisa puramente simulada e absolutamente falsa, certamente pelo menos as cores com as quais a compõem devem ser verdadeiras.

E pela mesma razão, ainda que estas coisas gerais – a saber, olhos, uma cabeça, mãos e outras semelhantes – possam se imaginárias, é necessário, no entanto, admitir ainda que existem coisas ainda mais simples e mais universais que são verdadeiras e existentes, de cuja mescla, nem mais nem menos do que da mescla de quaisquer outras cores verdadeiras, são formadas todas estas imagens das coisas que residem em nosso pensamento, quer sejam verdadeiras e reais, quer sejam simuladas e fantásticas. A este tipo de coisas pertence, geralmente, a natureza corpórea, e sua extensão; como também a figura das coisas extensas, sua quantidade ou grandeza e seu número, como também o lugar onde se encontram, o tempo que mede sua duração e outras coisas semelhantes.

Por esta razão, talvez não seria incorreta nossa conclusão se, a partir disso, dissermos que a física, a astronomia, a medicina e todas as outras coisas dependentes da consideração das coisas compostas são extremamente dúbias e incertas; mas que a aritmética, a geometria e as outras ciências deste gênero – que tratam apenas de coisas extremamente simples e muitíssimo gerais, sem se preocuparem muito se estão ou não na natureza – contêm algo de certo e indubitável.

Com efeito, quer esteja desperto ou dormindo, a soma de dois + três sempre formará o número cinco e o quadrado nunca terá mais de quatro lados; e não parece possível que verdades tão aparentes possam incorrer na suspeita de alguma falsidade ou incerteza.

No entanto, faz muito tempo que tenho em meu espírito certa opinião, a saber, que existe um Deus que tudo pode e pelo qual fui criado e produzido tal como sou. Ora, quem pode assegurar-me que este Deus não tenha feito com que não houvesse nenhuma terra, nenhum céu, nenhum corpo extenso, nenhuma figura, nenhuma grandeza, nenhum lugar e que, no entanto, eu tenha as sensações de todas estas coisas e que tudo isso não me pareça existir de maneira diferente de como o vejo? E mesmo, como penso, às vezes, que os outros se equivocam até nas coisas que pensam saber com a maior certeza, pode acontecer que ele [Deus] tenha querido que eu me engane todas as vezes que adiciono o dois ao três, ou que conto os lados de um quadrado, ou que emito um juízo sobre alguma coisa ainda mais fácil, se é possível imaginar algo mais fácil do que isto. Mas talvez Deus não tenha querido que eu fosse enganado desta maneira, pois se diz que ele é soberanamente bom. No entanto, se fosse repugnante à sua bondade ter-me feito de tal forma que eu me enganasse sempre, também lhe pareceria ser absolutamente contrário permitir que eu me engane às vezes e, no entanto, não posso duvidar que ele o permita.

Talvez haja, neste caso, pessoas que preferirão negar a existência de um Deus tão poderoso a crer que todas as outras coisas são incertas. Mas, não os contrariemos por enquanto e suponhamos, em seu favor, que tudo aquilo que se diz aqui sobre um Deus seja uma fábula. No entanto, seja como for que suponham que cheguei ao estado e ao ser que possuo – quer o atribuam a algum destino ou fatalidade, quer o relacionem ao acaso, quer queiram que seja por uma contínua sequência e conexão das coisas –, é certo que, considerando que falhar e enganar-se é uma espécie de imperfeição, quanto menos poderoso for o autor que atribuirão à minha origem, tanto mais será provável que eu seja tão imperfeito a ponto de me enganar sempre. A estas razões certamente nada tenho a responder, mas sou obrigado a confessar que, de todas as opiniões que outrora aceitei em minha crença como verdadeiras, não há entre elas nenhuma da qual eu não possa agora duvidar, não por alguma imprudência ou leviandade, mas por razões muito robustas e maduramente consideradas: de modo que é necessário que eu detenha e suspenda doravante meu juízo acerca destes pensamentos, e não que lhes dê mais crédito do que daria às coisas que me parecessem evidentemente falsas se desejo encontrar alguma coisa permanente e certa nas ciências.

Mas não basta ter feito estas observações. É preciso ainda cuidar de lembrar-me delas, porque estas opiniões antigas e ordinárias ainda retornam frequentemente ao meu pensamento, sendo que o uso longo e familiar que tiveram comigo lhes confere o direito de ocupar meu espírito contra minha vontade e de tornar-se quase que senhoras de minha crença. E nunca perderei o hábito de dar-lhes consentimento e de confiar nelas, visto que as considerarei tais como são efetivamente, ou seja, que de alguma maneira são duvidosas, como acabo de mostrar, e, no entanto, muito prováveis, de modo que se tem muito mais razão para nelas crer do que para negá-las. Por isso, penso que farei delas um uso mais prudente se, tomando um partido contrário, empenho todos os meus esforços para enganar-me a mim mesmo, simulando que todos estes pensamentos são falsos e imaginários, até que, tendo equilibrado meus preconceitos a ponto de incapacitá-los a fazer minha opinião pender mais para um lado do que para o outro, meu juízo doravante não seja mais dominado por maus usos e desviado do caminho certo capaz de conduzi-lo ao conhecimento da verdade. Com feito, estou certo de que não pode haver perigo nem erro neste caminho e que eu não poderia hoje ser demasiado indulgente para com minha desconfiança, porque agora não se trata de agir, mas apenas de meditar e conhecer.

Suporei, portanto, que há não um verdadeiro Deus, que é a fonte soberana de verdade, mas um certo gênio maligno, tão astuto e enganador quanto poderoso, que empenhou toda a sua habilidade para me enganar. Pensarei que o céu, o ar, a terra, as cores, as figuras, os sons e todas as coisas exteriores que vemos não passam de ilusões e embustes, dos quais ele se serve para surpreender minha credulidade. Considerar-me-ei a mim mesmo como não possuindo mãos, nem olhos, nem carne, nem sangue, como destituído de todos os sentidos, mas crendo falsamente possuir todas estas coisas. Permanecerei obstinadamente apegado a este pensamento; e se, desta forma, não está em meu poder chegar ao conhecimento de nenhuma verdade, pelo menos está em meu poder suspender meu juízo. Por isso, procurarei meticulosamente não admitir em minha crença nenhuma falsidade e prepararei tão bem meu espírito diante de todas as astúcias deste grande impostor que, por mais poderoso e astuto que ele seja, nada poderá jamais impor.

Mas este propósito é penoso e laborioso e certa preguiça me arrasta insensivelmente para o curso de minha vida ordinária. E, como um escravo que durante o sono gozasse de uma liberdade imaginária, quando começa a suspeitar que sua liberdade não passa de um sonho, receia ser despertado e conspira com estas ilusões agradáveis para ser enganado por elas por mais tempo, assim também recaio insensivelmente em minhas antigas opiniões e receio despertar deste torpor, temendo que as laboriosas vigílias que se sucederiam à tranquilidade deste repouso, em vez de me trazer alguma claridade e alguma luz no conhecimento da verdade, não sejam suficientes para iluminar as trevas das dificuldades que acabam de ser suscitadas.

Segunda meditação
Sobre a natureza do espírito humano e que ele é mais fácil de ser conhecido do que o corpo

A meditação que fiz ontem encheu meu espírito de tantas dúvidas que doravante não está mais em meu poder esquecê-las. E, no entanto, não vejo de que maneira poderei resolvê-las; e, como se de repente eu tivesse mergulhado em uma água muito profunda, é tal a surpresa em que me encontro que não consigo apoiar meus pés no fundo nem nadar para me manter na superfície. No entanto, esforçarei-me e seguirei novamente o mesmo caminho pelo qual enveredei ontem, afastando-me de tudo aquilo que poderia despertar em mim a menor dúvida, como se soubesse que isto é absolutamente falso; e prosseguirei sempre neste caminho até encontrar algo de certo ou, pelo menos, se não puder outra coisa, até descobrir com certeza que no mundo não há nada de certo.

Arquimedes, para deslocar o globo terrestre e transferi-lo para outro lugar, não exigia mais do que um ponto fixo e seguro. Assim, terei o direito de conceber grandes esperanças se for suficientemente feliz em encontrar apenas uma coisa que seja certa e indubitável.

Suponho, portanto, que todas as coisas que vejo são falsas; convenço-me de que nada jamais existiu de tudo aquilo que minha memória repleta de mentiras representa a mim; penso não possuir nenhum sentido; creio que o corpo, a figura, a extensão, o movimento, o lugar não passam de ficções de meu espírito. O que, portanto, poderá ser considerado verdadeiro? Talvez nenhuma outra coisa a não ser que não há nada de certo mundo.

Mas como é que sei que não há qualquer outra coisa diferente daquelas que acabo de considerar incertas, qualquer coisa a respeito da qual não se possa ter a menor dúvida? Não há algum Deus ou qualquer outro poder que introduz estes pensamentos em meu espírito? Isto não é necessário, porque talvez eu seja capaz de produzi-los por mim mesmo. Portanto, não sou eu, pelo menos, algo? Mas já neguei que eu possua algum sentido ou algum corpo. Hesito, no entanto, pois o que resulta disso? Sou eu tão dependente do corpo e dos sentidos a ponto de não poder ser sem eles? Mas me persuadi de que não havia absolutamente nada no mundo, de que não havia nenhum céu, nenhuma terra, nenhum espírito e também nenhum corpo. Portanto, não me persuadi, também, de que eu não era? Certamente não. Não há dúvida de que eu era, pelo fato de que me persuadi ou apenas se pensei algo. Mas há um impostor que desconheço, muito poderoso e muito astuto, que emprega toda a sua habilidade para me enganar sempre. Portanto, se ele me engana, não há dúvida de que eu sou; e, por mais que ele me engane, não poderá jamais fazer com que eu não seja nada enquanto eu pensar que sou algo. De modo que, após ter pensado sobre isso e ter examinado cuidadosamente todas as coisas, é necessário, por fim, concluir e sustentar constantemente que esta proposição – a saber, *eu sou, eu existo* – é necessariamente verdadeira todas as vezes que a pronuncio ou que a concebo em meu espírito.

Mas ainda não conheço com clareza suficiente o que sou, eu que estou certo de que sou; de modo que doravante preciso tomar o maior cuidado para não tomar imprudentemente qualquer outra coisa por mim, e, assim, me enganar neste conhecimento, que considero mais certo e mais evidente do que todos os que tive anteriormente.

Por isso, considerarei novamente o que eu acreditava ser antes de entrar nestes últimos pensamentos; e de minhas antigas opiniões suprimirei tudo aquilo que pode ser combatido pelas razões que acabei de alegar, de modo que não reste precisamente nada senão aquilo que é inteiramente indubitável. Portanto, o que é que acreditei ser anteriormente? Sem dificuldade pensei que era um ser humano. Mas o que é um ser humano? Direi que é um animal racional? Claro que não, pois seria necessário, em seguida, investigar o que é um animal e, assim, partindo de uma única questão, cairíamos insensivelmente em uma infinidade de outras mais difíceis e embaraçosas; e eu não gostaria de consumir o pouco de tempo e de lazer que me resta, empregando-o em deslindar semelhantes sutilezas. Mas deter-me-ei, de preferência, em considerar aqui os pensamentos que antes nasciam por si mesmos em meu espírito e que me eram inspirados somente por minha natureza, quando me aplicava a considerar meu ser. Eu me considerava, primeiramente, como tendo um rosto, mãos, braços e toda esta máquina composta de ossos e de carne, tal como aparece em um cadáver, a qual eu designava pelo nome de corpo. Além disso, considerava que me alimentava, que andava, que me sentava e que pensava e referia todas estas coisas à alma; mas não me detinha em pensar o que era esta alma, ou então, se me detinha, imaginava que era algo extremamente rarefeito e sutil, como um vento, uma chama ou um ar muito sutil que estava instilado e espalhado em minhas partes mais grosseiras. Quanto ao que era o corpo, eu não tinha absolutamente nenhuma dúvida acerca de sua natureza, pois pensava conhecê-la muito distintamente e, se quisesse explicá-la de acordo com as noções que dela possuía, eu a teria descrito da maneira seguinte: Por corpo entendo tudo aquilo que pode ser delimitado por alguma figura; que pode estar compreendido em algum lugar e ocupar um espaço, de tal forma que qualquer outro corpo esteja dele excluído; que pode ser sentido ou pelo tato, ou pela visão, ou pela audição, ou pelo paladar, ou pelo olfato; que pode ser movido de diversas maneiras, não por si próprio, mas por alguma coisa estranha que o toque ou da qual receba a impressão. Com efeito, quanto ao fato de ter em si o poder mover-se, de sentir e de pensar, eu não acreditava absolutamente que se devesse atribuir estas vantagens à natureza corpórea; pelo contrário, eu ficava surpreso ao constatar que semelhantes faculdades se encontravam em certos corpos.

Mas eu, quem sou eu, agora que suponho existir alguém extremamente poderoso e, ousaria dizer, malicioso e astuto, que emprega todas as suas forças e toda a sua habilidade para me enganar? Posso assegurar-me de que possuo a menor de todas as coisas que acima atribuí à natureza corpórea? Detenho-me a pensar nisso com atenção, passo e repasso todas estas coisas em meu espírito e entre elas não encontro nenhuma que eu possa dizer que está em mim. Não é necessário deter-me para enumerá-las. Passemos, portanto, aos atributos da alma e vejamos se há entre eles alguns que estejam em mim. Os primeiros são alimentar-me e caminhar; mas, se é verdade que não possuo corpo, é verdade também que não posso caminhar nem me alimentar. Outro atributo é sentir; mas também não é possível sentir sem o corpo: e acrescente-se a isso que outrora pensei sentir durante o sono várias coisas das quais, ao despertar, dei-me conta de não ter efetivamente sentido. Outro atributo é pensar; e descubro aqui que o pensamento é um atributo que me pertence: é o único que não pode ser separado de mim. Eu sou, eu existo: isto é certo. Mas por quanto tempo? Ou seja, por tanto tempo quanto eu penso; porque talvez poderia acontecer que, se eu cessasse de pensar, cessaria ao mesmo tempo de ser ou de existir. Não admito agora nada que não seja necessariamente verdadeiro: não sou, portanto, falando com precisão, senão uma coisa que pensa, ou seja, um espírito, um entendimento ou uma razão, que são termos cujo significado antes me era desconhecido. Ora, eu sou uma coisa verdadeira e verdadeiramente existente. Mas que coisa? Eu o disse: uma coisa que pensa. E o que mais? Estimularei ainda minha imaginação para procurar se não sou algo mais. Não sou este conjunto de membros que se chama corpo humano; não sou um ar sutil e penetrante, espalhado por todos estes membros; não sou um vento, um sopro, um vapor nem nada de tudo aquilo que eu possa simular ou imaginar, porque supus que tudo isso não era nada e que, sem mudar esta suposição, descubro que não deixo de estar certo de que sou alguma coisa.

Mas pode também acontecer que essas mesmas coisas que suponho não serem porque me são desconhecidas, não sejam com efeito diferentes de mim, que eu conheço? Não sei nada sobre elas; não discuto sobre isso agora. Só posso emitir meu juízo sobre coisas que me são conhecidas: reconheci que eu era e busco quem sou, eu que reconheci que sou. Ora, é muito certo que esta noção e conhecimento de mim mesmo, tomado precisamente assim, não depende das coisas cuja existência ainda me é desconhecida; nem, consequentemente, e com mais forte razão, de nenhuma daquelas que são simuladas e inventadas pela imaginação. E mesmo estes termos simular e imaginar me advertem de meu erro; porque eu simularia efetivamente se imaginasse ser alguma coisa, já que imaginar não é senão contemplar a figura ou a imagem de uma coisa corpórea. Ora, já sei com certeza que eu sou e que, ao mesmo tempo, é possível que todas essas imagens, e de modo geral todas as coisas que são relacionadas à natureza do corpo, não passem de sonhos ou quimeras. Por conseguinte, vejo claramente que não pareço menos inepto ao dizer: "estimularei minha imaginação para conhecer mais distintamente quem eu sou" do que se dissesse: "agora estou desperto e percebo algo real e verdadeiro"; mas, como ainda não o distingo com suficiente nitidez, adormecerei propositalmente a fim de que meus sonhos me representem essa mesma coisa com mais verdade e evidência. E, assim, reconheço com certeza que nada daquilo que posso compreender mediante a imaginação pertence a este conhecimento que tenho de mim mesmo, e que é necessário recordar e desviar o próprio espírito desta maneira de conceber, a fim de que ele próprio possa reconhecer muito distintamente sua natureza.

Mas então o que é que eu sou? Uma coisa que pensa. E o que é uma coisa que pensa? É uma coisa que duvida, que concebe, que afirma, que nega, que quer, que não quer, que também imagina e que sente. De certo não é pouco se todas estas coisas pertencem à minha natureza. Mas por que não pertenceriam a ela? Não continuo sendo esse mesmo que duvida de quase tudo e que, no entanto, entende e concebe certas coisas, que assegura e afirma que só elas são verdadeiras, que nega todas as outras, que deseja e quer conhecer mais coisas, que não quer ser enganado, que imagina muitas coisas às vezes até contra a vontade e que sente muitas coisas como que por intermédio dos órgãos do corpo? Há em tudo isso algo que não seja tão verdadeiro como é certo que eu sou e que existo, ainda que eu dormisse sempre, e que aquele que me deu o ser empregasse todas as suas forças para me enganar? Existe, também, algum destes atributos que possa ser distinguido de meu pensamento ou que se possa dizer que está dissociado de mim mesmo? Com efeito, é tão evidente por si que sou eu mesmo que duvido, que entendo e que desejo que não há aqui necessidade de acrescentar nada para explicá-lo. E, com certeza, tenho também o poder de imaginar; porque, embora possa acontecer (como supus anteriormente) que as coisas que imagino não sejam verdadeiras, mesmo assim esse poder de imaginar não deixa de estar realmente em mim e faz parte de meu pensamento. Por fim, eu sou o mesmo que sente, ou seja, que recebe e reconhece as coisas como que pelos órgãos dos sentidos, porque efetivamente vejo a luz, ouço os ruídos, sinto o calor. Mas dir-me-ão que estas aparências são falsas e que eu durmo. Que seja. No entanto, pelo menos é certíssimo que me parece que vejo, que ouço e que me aqueço; e isso é propriamente o que em mim se denomina sentir; e isto, entendido assim precisamente, não é outra coisa senão pensar. Daqui resulta que começo a conhecer quem eu sou, com um pouco mais de luz e distinção do que antes.

Mas não posso me abster de acreditar que as coisas corpóreas, cujas imagens se formam mediante meu pensamento e chegam aos sentidos, não sejam mais distintamente conhecidas do que essa parte desconhecida de mim mesmo que não cai sob a imaginação: embora seja de fato uma coisa muito estranha que as coisas que julgo duvidosas e distantes me sejam mais claramente e mais facilmente conhecidas do que aquelas que são verdadeiras e certas e que pertencem à minha própria natureza. Mas vejo bem o que é: meu espírito se compraz em se extraviar e ainda é incapaz de se conter dentro dos justos limites da verdade. Portanto, afrouxemos, mais uma vez, as rédeas a fim de que, chegando depois a retirá-las de mansinho e oportunamente, possamos pautá-lo e conduzi-
-lo mais facilmente.

Comecemos pela consideração das coisas mais comuns e que acreditamos compreender mais distintamente, ou seja, os corpos que tocamos e que vemos. Não pretendo falar dos corpos em geral, pois estas noções gerais são, geralmente, mais confusas, mas de algum corpo em particular. Tomemos, por exemplo, este pedaço de cera que acaba de ser retirado da colmeia: ele ainda não perdeu a doçura do mel que continha, conserva ainda algo da fragrância das flores das quais foi recolhido; sua cor, sua figura, seu tamanho, são aparentes; ele é duro, é frio, facilmente o tocamos e se nele baterdes, produzirá algum som. Enfim, todas as coisas que podem dar a conhecer distintamente um corpo se encontram nesse corpo.

Mas, eis que, enquanto falo, ele é aproximado do fogo: o que nele restava de sabor se exala, a fragrância desaparece, sua cor se altera, sua figura se perde, seu tamanho aumenta, ele se torna líquido, esquenta, mal e mal se pode tocá-lo e, mesmo que nele se bata, não produzirá mais nenhum som. Será que a mesma cera permanece após esta transformação? É preciso admitir que ela permanece e ninguém pode negá-lo. O que é, portanto, que se conhecia neste pedaço de cera com tanta distinção? Certamente, não pode ser absolutamente nada daquilo que nele observei por intermédio dos sentidos, visto que todas as coisas que afetavam o paladar, ou o olfato, ou a visão, ou o tato, ou o ouvido se encontram alteradas e, no entanto, a mesma cera permanece. Talvez seja o que penso agora, a saber, que a cera não era nem esta doçura do mel, nem esta agradável fragrância das flores, nem esta alvura, nem esta figura, nem este som, mas apenas um corpo que um pouco antes me aparecia sob essas formas e que agora se me apresenta sob outras. Mas, falando com precisão, o que é que eu imagino quando concebo a cera dessa maneira?

Examinemo-lo atentamente e, afastando todas as coisas que não pertencem à cera, vejamos o que resta. Certamente, não permanece nada senão algo extenso, flexível e mutável. Ora, o que é isso: flexível e mutável? Não é que imagino que esta cera, sendo redonda, é capaz de tornar-se quadrada e passar do quadrado a uma figura triangular? Certamente, não. Não é isso, porque a concebo como capaz de adquirir uma infinidade de mutações semelhantes e, no entanto, eu não poderia percorrer esta infinidade mediante minha imaginação e, por conseguinte, esta concepção que tenho da cera não se alcança pela faculdade de imaginar.

Agora, o que é esta extensão? Não é ela também desconhecida, já que na cera que derrete ela aumenta e se encontra ainda maior quando está completamente derretida e ainda muito mais quando o calor aumenta mais? E eu não conceberia claramente e segundo a verdade o que é a cera, se não pensasse que ela é capaz de adquirir mais variedades, de acordo com a extensão, que jamais imaginei para ela. É necessário, portanto, que eu concorde que não poderia sequer conceber pela imaginação o que é esta cera, e que unicamente o meu entendimento o concebe; quero dizer, este pedaço de cera em particular, porque a cera em geral é ainda mais evidente. Ora, o que é esta cera que só pode ser concebida pelo entendimento ou pelo espírito? Certamente, é a mesma que vejo, que toco, que imagino e a mesma que eu conhecia desde o início. Mas o que se deve notar é que sua percepção, ou seja, a ação pela qual ela é percebida, não é uma visão, nem um toque, nem uma imaginação, e jamais o foi, embora assim parecesse anteriormente, mas apenas uma inspeção do espírito, que pode ser imperfeita e confusa como era antes, ou então clara e distinta como é agora, na medida em que minha atenção se dirige mais ou menos às coisas que estão nela e das quais é composta.

No entanto, não poderia espantar-me demasiado ao considerar o quanto meu espírito tem de debilidade e de propensão que o levam insensivelmente ao erro. Porque, embora sem falar que considero tudo isso em mim mesmo, mesmo assim as palavras me detêm e sou quase enganado pelos termos da linguagem ordinária, pois dizemos que vemos a mesma cera se a nós é apresentada, e não que julgamos ser a mesma, por ter a mesma cor e a mesma figura: isto me disporia quase a concluir que se conhece a cera pela visão dos olhos e não unicamente pela inspeção do espírito, se por acaso eu não olhasse pela janela homens transitando pela rua, à vista dos quais não deixo de dizer que vejo homens, da mesma forma que digo que vejo a cera. E, no entanto, o que vejo dessa janela senão chapéus e casacos, que podem cobrir fantasmas ou seres humanos simulados que só se movem mediante molas? Mas eu julgo que são seres humanos de verdade e assim compreendo, unicamente pelo poder de julgar que reside em meu espírito, o que acreditava ver com meus olhos.

Um homem que se empenha em elevar seu conhecimento acima do comum deve envergonhar-se de buscar as oportunidades de duvidar nas formas e expressões da linguagem vulgar. Prefiro ir além e considerar se eu concebia com mais evidência e perfeição o que era a cera quando a percebi pela primeira vez e acreditei conhecê-la por meio dos sentidos exteriores, ou ao menos pelo senso comum, como o chamam, ou seja, pelo poder imaginativo, do que a concebo agora, após ter examinado mais exatamente o que ela é e de que maneira pode ser conhecida. Certamente, seria ridículo pôr isso em dúvida. Pois o que haveria nesta primeira percepção que fosse distinto e evidente e que não pudesse, da mesma forma, ser captado pelos sentidos do mais inferior dos animais? Mas, quando distingo a cera de suas formas exteriores e, como se a tivesse despido de suas vestes, a contemplo totalmente nua, com certeza, embora se possa ainda encontrar algum erro em meu juízo, não posso concebê-la desta maneira sem um espírito humano.

Mas, afinal, o que direi deste espírito, ou seja, de mim mesmo? Com efeito, até aqui não admito em mim outra coisa senão um espírito. O que direi, pergunto, sobre mim que pareço conceber com tanta nitidez e distinção este pedaço de cera? Não me conheço a mim mesmo não só com muito mais verdade e certeza, mas também com muito mais distinção e nitidez? Pois, se julgo que a cera é, ou existe, porque a vejo, segue-se certamente com muito mais evidência que eu sou, ou que eu mesmo existo, porque a vejo. É possível que aquilo que vejo não seja efetivamente cera; pode até acontecer que eu nem sequer tenha olhos para ver coisa alguma; mas não é possível que, quando vejo, ou (o que não distingo mais) quando penso ver, eu que penso não seja alguma coisa. Da mesma forma, se julgo que a cera existe pelo fato de eu tocá-la, seguir-se-á ainda a mesma coisa, a saber, que eu sou; e, se eu o julgo pelo fato de minha imaginação me persuadir, ou por qualquer outra causa que seja, concluirei sempre a mesma coisa. E o que observei aqui no tocante à cera pode ser aplicado a todas as outras coisas que me são exteriores e que se encontram fora de mim.

Ora, se a noção ou o conhecimento da cera parece ser mais nítido e mais distinto após ela ter sido descoberta não só pela visão ou pelo tato, mas ainda por muitas outras causas, com quanto maior evidência, distinção e nitidez devo conhecer-me a mim mesmo, já que todas as razões que servem para conhecer e conceber a natureza da cera, ou de qualquer outro corpo, provam muito mais facilmente e com maior evidência a natureza de meu espírito? E, ademais, no próprio espírito, encontram-se tantas outras coisas capazes de contribuir para o esclarecimento de sua natureza que aquelas que dependem do corpo, como estas, quase não merecem ser enumeradas.

Mas, enfim, eis que retorno naturalmente aonde eu queria; com efeito, visto ser uma coisa que presentemente me é conhecida o fato de que, propriamente falando, só concebemos os corpos pela faculdade de entender que existe em nós e não pela imaginação nem pelos sentidos, e que não as conhecemos pelo fato de as vermos ou pelo fato de as tocarmos, mas somente pelo fato de as concebermos pelo pensamento, sei evidentemente que não há nada que me seja tão fácil de conhecer do que meu espírito. Mas, como é quase impossível desfazer-se tão prontamente de uma antiga opinião, será bom deter-me um pouco neste ponto, a fim de, pela extensão de minha meditação, imprimir mais profundamente em minha memória este novo conhecimento.

TERCEIRA MEDITAÇÃO
Sobre Deus: que Ele existe

Fecharei agora os olhos, taparei meus ouvidos, desviarei todos os meus sentidos, apagarei inclusive de meu pensamento todas as imagens das coisas corpóreas ou, pelo menos, já que é difícil fazê-lo, as considerarei vãs e falsas; e, assim, entretendo-me apenas comigo mesmo e examinando meu interior, procurarei tornar-me paulatinamente mais conhecido e mais familiar a mim mesmo. Eu sou uma coisa que pensa, ou seja, que duvida, que afirma, que nega, que conhece poucas coisas, que ignora muitas, que ama, que odeia, que quer, que não quer, que também imagina e que sente. Com efeito, como observei antes, embora as coisas que sinto e que imagino talvez não sejam absolutamente nada fora de mim e em si mesmas, estou seguro, no entanto, de que estas maneiras de pensar, que denomino sentimentos e imaginações, pelo simples fato de serem maneiras de pensar, residem e se encontram certamente em mim. E neste pouco que acabo de dizer, acredito ter relatado tudo o que verdadeiramente sei ou, pelo menos, tudo o que até agora notei que sabia.

Agora passarei a considerar com mais exatidão se talvez não se encontrem em mim outros conhecimentos dos quais ainda não me apercebi. Estou certo de que sou uma coisa que pensa; mas será que não sei, consequentemente, também o que se requer para adquirir certeza de alguma coisa? Neste primeiro conhecimento, não se encontra nada senão uma clara e distinta percepção daquilo que conheço, percepção esta que de fato não seria suficiente para me assegurar que seja verdadeira, se pudesse algum dia ocorrer que uma coisa que eu concebesse assim tão clara e distintamente fosse considerada falsa. E, portanto, parece-me que já posso estabelecer como regra geral que todas as coisas que concebemos muito clara e distintamente são todas verdadeiras.

Contudo, aceitei e admiti, anteriormente, diversas coisas como muito certas e muito evidentes, coisas que, no entanto, mais tarde, reconheci serem duvidosas e incertas. Quais eram, portanto, essas coisas? Eram a terra, o céu, os astros e todas as outras coisas que eu percebia por intermédio dos meus sentidos. Ora, o que concebia eu clara e distintamente nelas? Certamente nenhuma outra coisa senão as ideias e os pensamentos destas coisas que se apresentavam ao meu espírito. E ainda agora não nego que estas ideias se encontram em mim. Mas havia ainda outra coisa que eu assegurava e que, devido ao hábito que tinha de nela crer, eu pensava perceber muito claramente, embora, na verdade, não a percebesse, a saber, que havia coisas fora de mim, das quais procediam estas ideias e às quais eram completamente semelhantes. E era nisso que eu me enganava; ou, se talvez julgasse segundo a verdade, não havia nenhum conhecimento que eu possuísse que fosse a causa da verdade do meu juízo.

Mas, quando eu considerava alguma coisa muito simples e sumamente fácil no tocante à aritmética ou à geometria – por exemplo, que a soma de dois e três produz o número cinco, e outras coisas semelhantes –, não as concebia eu pelo menos com bastante clareza para assegurar que eram verdadeiras? Certamente, se posteriormente julguei que se podia duvidar dessas coisas, não foi por outra razão senão porque me vinha ao espírito que talvez algum Deus pudesse ter-me dado uma natureza tal que me levasse a enganar-me mesmo no tocante às coisas que me parecem as mais evidentes. Mas, sempre que esta opinião preconcebida do poder soberano de um Deus se apresenta ao meu pensamento, sou obrigado a confessar que lhe é fácil, se ele quiser, fazer com que eu me engane, mesmo nas coisas que acredito conhecer com grande evidência. E, ao contrário, todas as vezes que me volto para as coisas que penso conceber muito claramente, sou persuadido por elas a tal ponto que me deixo espontaneamente levar a estas palavras: engane-me quem puder, mas nunca poderá fazer com que eu nada seja enquanto eu pensar ser alguma coisa; ou que algum dia seja verdadeiro que eu nunca tenha sido, sendo verdade que agora eu sou, ou então que a soma de dois mais três seja mais ou menos do que cinco, ou coisas semelhantes, que vejo claramente não poderem ser de outra maneira senão da maneira como as concebo.

E, certamente, visto que não tenho nenhuma razão para crer que haja algum Deus que seja um impostor, e mesmo que ainda não haja considerado as razões que provam que existe um Deus, a razão para duvidar dependente somente dessa opinião é muito tênue e, por assim dizer, metafísica. Mas, a fim de poder eliminá-la completamente, devo examinar se há um Deus, logo que se apresentar a oportunidade para isso; e se descubro que há um Deus, devo também examinar se ele pode ser um impostor, porque, sem o conhecimento destas duas verdades, não vejo que eu possa algum dia ter certeza de alguma coisa. E, afim de poder ter a oportunidade de examinar isso sem interromper a ordem de meditação que me propus, que é passar gradualmente das noções que descobrirei como primeiras em meu espírito para aquelas que poderei encontrar ali depois, preciso aqui dividir todos os meus pensamentos em certos gêneros e considerar em quais destes gêneros há propriamente verdade ou erro.

Entre meus pensamentos, alguns são como as imagens das coisas e é somente a estes que convém propriamente o nome ideia, como quando me represento um homem, ou uma quimera, ou o céu, ou um anjo, ou o próprio Deus. Outros, além disso, possuem algumas outras formas: por exemplo, quando quero, quando temo, quando afirmo ou quando nego, concebo, então, muito bem algo como o sujeito da ação de meu espírito, mas acrescento, também, por esta ação, alguma outra coisa à ideia que tenho dessa coisa; e, deste gênero de pensamentos, alguns são denominados vontade ou afetos e os outros são denominados juízos.

Agora, no que concerne às ideias, se são consideradas somente em si mesmas, e não relacionadas a alguma outra coisa, elas não podem, propriamente falando, ser falsas, porque quer eu imagine uma cabra ou uma quimera, não é menos verdadeiro que imagino tanto uma quanto a outra.

Também não é preciso recear que se possa encontrar falsidade nos afetos ou vontades, porque, embora eu possa desejar coisas más, ou mesmo que nunca existiram, nem por isso é menos verdadeiro que as desejo.

Sendo assim, só me restam juízos, nos quais devo tomar muito cuidado para não me enganar. Ora, o principal erro e o mais comum que se pode encontrar nos juízos consiste no fato de eu julgar que as ideias que estão em mim são semelhantes, ou conformes, às coisas que estão fora de mim; porque certamente, se eu considerasse as ideias apenas como certos modos ou maneiras de meu pensamento, sem querer relacioná-las a qualquer outra coisa exterior, dificilmente poderiam levar-me ao erro.

Ora, entre estas ideias algumas me parecem ter nascido comigo, as outras me parecem estranhas e vindas de fora e outras ainda me parecem feitas e inventadas por mim mesmo. Com efeito, o fato de eu possuir a faculdade de conceber o que é aquilo que geralmente se denomina uma coisa, ou uma verdade, ou um pensamento, não me parece que o tenha obtido alhures senão da minha própria natureza. Mas, se ouço agora algum ruído, se vejo o sol, se sinto calor, até agora julguei que estas sensações procediam de algumas coisas que existem fora de mim; e, por fim, parece-me que as sereias, os hipogrifos e todas as outras quimeras semelhantes são ficções e invenções de meu espírito. Mas talvez eu possa persuadir-me de que todas estas ideias pertencem ao gênero daquelas que designo como estranhas e que vêm de fora, ou então que todas elas nasceram comigo, ou que todas foram produzidas por mim, já que ainda não descobri claramente sua verdadeira origem. E o que me cabe, principalmente, fazer neste lugar é considerar, no tocante àquelas que me parecem provir de alguns objetos que se encontram fora de mim, quais são as razões que me obrigam a acreditar que elas são semelhantes a esses objetos.

A primeira dessas razões é que me parece que isto me foi ensinado pela natureza, e a segunda é que experimento em mim mesmo que estas ideias não dependem de minha vontade, porque muitas vezes elas se apresentam a mim contra minha vontade, como agora, quer o queira ou não, sinto calor e, por isso, me persuado de que esta sensação ou esta ideia de calor é produzida em mim por algo diferente de mim, a saber, pelo calor do fogo junto ao qual me encontro. E não vejo nada que me pareça mais razoável do que julgar que essa coisa estranha, em vez de alguma outra, envia e imprime em mim sua semelhança.

Agora é necessário que eu veja se estas razões são suficientemente fortes e convincentes.

Quando digo que me parece que isso me é ensinado pela natureza, limito-me a entender, por esta palavra "natureza", certa inclinação que me leva a crer nesta coisa e não uma luz natural que me faz conhecer que ela é verdadeira. Ora, estas duas coisas diferem muito entre si. Porque nada eu poderia pôr em dúvida daquilo que a luz natural me mostra ser verdadeiro, como há pouco me mostrou que, pelo fato de que eu duvidava, podia concluir que eu era. E não possuo em mim nenhuma outra faculdade, ou poder, para distinguir o verdadeiro do falso que me possa ensinar que aquilo que esta luz me mostra como verdadeiro não o seja, e em que eu possa confiar tanto quanto nela. Mas, no tocante às inclinações que também parecem ser-me naturais, observei muitas vezes, quando se tratava de escolher entre as virtudes e os vícios, que não me levaram menos ao mal do que ao bem; e, por isso, não tenho motivo para segui-las tampouco no tocante ao verdadeiro e ao falso.

E, quanto à outra razão, que é a de que estas ideias devem provir de outro lugar, já que não dependem da minha vontade, não a julgo tampouco convincente. Porque, ainda que estas inclinações de que falei há pouco se encontrem em mim, não obstante não se harmonizem sempre com a minha vontade, talvez haja em mim alguma faculdade ou poder capaz de produzir essas ideias sem a ajuda de quaisquer coisas exteriores, embora ela ainda não me seja conhecida, como efetivamente sempre me pareceu até aqui que, quando durmo, elas se formam assim em mim sem a ajuda dos objetos que elas representam. E, por fim, ainda que eu continuasse concordando que são causadas por esses objetos, não se segue como uma consequência necessária que devam ser semelhantes a eles. Pelo contrário, observei muitas vezes, em muitos exemplos, que havia uma grande diferença entre o objeto e a ideia. Como, por exemplo, encontro em meu espírito duas ideias do sol totalmente diferentes: uma tem sua origem nos sentidos e deve ser situada no gênero daquelas que eu disse acima provirem de fora, pela qual ele me parece extremamente pequeno; a outra é tomada das razões da astronomia, ou seja, de certas noções nascidas comigo, ou, enfim, é formada de qualquer modo por mim mesmo, de maneira que o sol possa parecer-me muitas vezes maior do que a terra inteira. Certamente, estas duas ideias que concebo do sol não podem ser ambas semelhantes ao mesmo sol; e a razão me leva a crer que a ideia que provém imediatamente de sua aparência é a que lhe é mais dessemelhante.

Tudo isso me leva a estar suficientemente ciente de que, até este momento, não foi por um juízo certo e premeditado, mas apenas por um impulso cego e temerário, que acreditei que havia coisas fora de mim e diferentes do meu ser, que, pelos órgãos dos meus sentidos, ou por qualquer outro meio que possa haver, enviavam suas ideias ou imagens para dentro de mim e ali imprimiam suas semelhanças.

Mas apresenta-se ainda outro caminho para investigar se, entre as coisas das quais tenho as ideias em mim, há algumas que existem fora de mim. A saber, se estas ideias são tomadas somente como sendo certas maneiras de pensar, não reconheço entre elas nenhuma diferença ou desigualdade, e todas parecem proceder de mim da mesma maneira; mas, considerando-as como imagens, algumas representando uma coisa e as outras representando outra coisa, é evidente que são muito diferentes umas das outras. Porque, com efeito, aquelas que me representam substâncias são sem dúvida algo mais e contêm em si (por assim dizer) mais realidade objetiva – ou seja, participam por representação de mais graus de ser ou de perfeição – do que aquelas que me representam apenas modos ou acidentes. Além disso, aquela pela qual concebo um

Deus soberano, eterno, infinito, imutável, onisciente, todo-poderoso e Criador universal de todas as coisas externas a ele, essa ideia, digo, possui certamente em si mais realidade objetiva do que aquelas pelas quais me são representadas as substâncias finitas.

Agora, é algo manifesto graças à luz natural que deve haver pelo menos tanta realidade na causa eficiente e total quanto em seu efeito: porque de onde pode o efeito retirar sua realidade senão de sua causa? E como esta causa poderia comunicar-lhe realidade se não a possuísse em si mesma?

E daí segue-se não só que o nada não poderia produzir alguma coisa, mas também que aquilo que é mais perfeito, ou seja, que contém em si mais realidade, não pode ser uma decorrência e uma dependência do menos perfeito. E esta verdade não é apenas clara e evidente nos efeitos que possuem essa realidade que os filósofos denominam atual ou formal, mas também nas ideias nas quais se considera apenas a realidade que eles denominam como objetiva: por exemplo, a pedra que ainda não foi não só não pode começar agora a ser, se não é produzida por uma coisa que possui em si, formalmente ou eminentemente, tudo aquilo que entra na composição da pedra – ou seja, que contém em si as mesmas coisas ou outras mais excelentes do que aquelas que se encontram na pedra – e o calor não pode ser produzido num sujeito que dele estava privado anteriormente se não for por uma coisa que seja de uma ordem, ou de um grau, ou de um gênero pelo menos tão perfeito como o calor e assim por diante. Mas, além disso, também a ideia do calor, ou da pedra, não pode estar em mim se não foi posta ali por alguma causa que contém em si pelo menos tanta realidade quanto a que concebo no calor ou na pedra. Com efeito, embora essa causa não transmita à minha ideia nada de sua realidade atual ou formal, nem por isso se deve imaginar que esta causa deva ser menos real.

Mas é preciso saber que, sendo toda ideia uma obra do espírito, sua natureza é tal que não exige de si nenhuma outra realidade formal senão aquela que ela recebe ou toma emprestada do pensamento ou do espírito, do qual ela é apenas um modo, ou seja, uma maneira ou modo de pensar. Ora, para que uma ideia contenha certa realidade objetiva em vez de outra, deve sem dúvida tê-la de alguma causa na qual se encontra pelo menos tanta realidade formal quanto essa ideia contém de realidade objetiva. Com efeito, se supomos que na ideia se encontra algo que não se encontra na sua causa, é necessário, por conseguinte, que tenha obtido isso do nada; mas, por mais imperfeita que seja esta maneira de ser, graças a qual uma coisa está objetivamente ou por representação no entendimento mediante sua ideia, certamente não se pode, entretanto, dizer que este modo ou maneira não sejam nada, nem, por conseguinte, que esta ideia provém do nada. Também não devo duvidar que seja necessário que a realidade esteja formalmente nas causas de minhas ideias, embora a realidade que considero nestas ideias seja apenas objetiva, nem pensar que basta esta realidade encontrar-se objetivamente em suas causas; porque, assim como esta maneira de ser objetivamente pertença às ideias, de acordo com sua própria natureza, do mesmo modo também a maneira ou modo de ser formalmente pertence às causas destas ideias (pelo menos as primeiras e principais) de acordo com sua própria natureza. E, embora possa acontecer que uma ideia dê origem a outra ideia, isso não pode, no entanto, suceder *ad infinitum*, mas é necessário, no fim, chegar a uma primeira ideia, cuja causa seja como um padrão ou um original, no qual toda a realidade ou perfeição esteja contida formalmente e, com efeito, se encontre nessas ideias apenas objetivamente ou por representação. De modo que a luz natural me leva a conhecer evidentemente que as ideias estão em mim como quadros, ou imagens, que podem na verdade facilmente perder a perfeição das coisas das quais foram tiradas, mas que não podem jamais conter algo maior ou mais perfeito.

E, quanto mais demorada e cuidadosamente examino todas estas coisas, tanto mais clara e distintamente conheço que são verdadeiras. Mas, por fim, o que concluirei de tudo isto? A saber, o seguinte: que, se a realidade objetiva de qualquer uma das minhas ideias é tal que eu sei claramente que ela não está em mim, nem formalmente nem eminentemente, e que, por conseguinte, não posso ser eu mesmo a causa dela, disso segue-se necessariamente que não estou sozinho no mundo, mas que há ainda alguma outra coisa que existe e que é a causa dessa ideia; ao passo que, se tal ideia não se encontra em mim, nunca terei algum argumento capaz de convencer-me e certificar-me da existência de alguma outra coisa além de mim mesmo; com efeito, examinei-os todos cuidadosamente e até hoje não consegui encontrar nenhum outro.

Ora, entre estas ideias, além daquela que me representa a mim mesmo, a respeito da qual não pode haver aqui nenhuma dificuldade, existe uma outra que me representa um Deus, outras que representam coisas corpóreas e inanimadas, outras que representam anjos, outras que representam animais e outras, enfim, que me representam homens semelhantes a mim. Mas, no tocante às ideias que me representam outros homens, ou animais, ou anjos, concebo facilmente que elas podem ser formadas pela mistura e composição das outras ideias que tenho das coisas corpóreas e de Deus, ainda que fora de mim não houvesse outros homens no mundo, nem quaisquer animais, nem quaisquer anjos. E, no tocante às ideias das coisas corpóreas, nada reconheço nelas de tão grande nem de tão excelente, que não me pareça poder provir de mim mesmo; porque, se as considero mais de perto, e se as examino da mesma forma como examinava ontem a ideia da cera, descubro que nelas se encontra muito pouca coisa que concebo clara e distintamente, ou seja, a grandeza ou então a extensão em comprimento, largura e profundidade; a figura formada pelos termos e limites desta extensão; a situação que os corpos diversamente figurados guardam entre si; e o movimento ou a mudança desta situação; a isto pode-se acrescentar a substância, a duração e o número. No tocante às outras coisas, como a luz, as cores, os sons, os cheiros, os sabores, o calor, o frio e as outras qualidades táteis, elas se encontram em meu pensamento com tanta obscuridade e confusão que até desconheço se são verdadeiras ou falsas e apenas aparentes, ou seja, se as ideias que concebo destas qualidades são efetivamente as ideias de quaisquer coisas reais, ou então se elas me representam apenas seres quiméricos, cuja existência é impossível. Com efeito, embora eu tenha observado anteriormente que só nos juízos se pode encontrar a verdadeira e formal falsidade, é possível, entretanto, encontrar nas ideias certa falsidade material, a saber, quando elas representam como se fosse alguma coisa aquilo que nada é. Por exemplo, as ideias que tenho do frio e do calor são tão pouco claras e tão pouco distintas que por meio delas não consigo discernir se o frio é apenas uma privação do calor, ou se o calor é uma privação do frio, ou então se tanto um como o outro são qualidades reais ou se não o são. E, visto que, sendo as ideias como que imagens, não pode haver entre elas nenhuma que não nos pareça representar alguma coisa; e, se vale dizer que o frio não é senão uma privação do calor, não será fora de propósito classificar como falsa a ideia que o representa a mim como algo real e positivo, e assim no tocante às outras ideias semelhantes, às quais certamente não é necessário que eu atribua outro autor senão eu mesmo. Com efeito, se são falsas, isto é, se representam coisas que não são, a luz natural me revela que elas procedem do nada, ou seja, que elas só estão em mim porque falta algo à minha natureza e porque esta não é totalmente perfeita. E se, no entanto, estas coisas são verdadeiras pelo fato de me mostrarem tão pouco de realidade a ponto de eu ser incapaz discernir nitidamente do não ser a coisa representada, não vejo razão por que não possam ser produzidas por mim mesmo e que eu não possa ser seu autor.

Quanto às ideias claras e distintas que tenho das coisas corpóreas, há algumas que, ao que parece, eu poderia ter tirado da ideia que tenho de mim mesmo, como a ideia que tenho da substância, da duração, do número e de outras coisas semelhantes. Com efeito, quando penso que a pedra é uma substância, ou então uma coisa capaz de existir por si, e penso depois que eu sou uma substância, embora conceba muito bem que sou uma coisa que pensa e não é extensa, e que a pedra, pelo contrário, é uma coisa extensa e que não pensa, e que assim entre estas duas concepções existe uma notável diferença, parece, no entanto, haver concordância entre elas pelo fato de representarem substâncias. Da mesma forma, quando penso que sou agora e que, além disso, recordo ter sido outrora, e que concebo muitos pensamentos diversos cujo número conheço, então adquiro em mim as ideias da duração e do número, que posso, mais tarde, transferir a todas as outras coisas que eu quiser.

No tocante às outras qualidades das quais são compostas as ideias das coisas corpóreas, a saber, a extensão, a figura, a situação e o movimento, é verdade que elas não estão formalmente em mim, visto que sou apenas uma coisa que pensa; mas, porque são apenas certos modos da substância, e como que as vestes sob as quais a substância corpórea nos aparece, e porque eu próprio sou, também, uma substância, parece que elas podem estar contidas em mim eminentemente.

Portanto, só resta a ideia de Deus, na qual é preciso considerar se existe alguma coisa que não poderia provir de mim mesmo. Pelo nome "Deus" entendo uma substância infinita, eterna, imutável, independente, onisciente, onipotente e pela qual eu mesmo fui criado e produzido, e todas as coisas que são (se é verdade que há coisas que existem). Ora, estas vantagens são tão grandes e tão eminentes que, quanto mais atentamente as considero, tanto menos me persuado de que a ideia que delas tenho possa provir somente de mim. E, por conseguinte, de tudo o que eu disse acima é preciso concluir necessariamente que Deus existe. Porque, embora a ideia da substância esteja em mim, pelo próprio fato de eu ser uma substância, eu não teria, no entanto, a ideia de uma substância infinita – eu que sou um ser finito – se ela não tivesse sido posta em mim por alguma substância que fosse verdadeiramente infinita.

E não devo imaginar que não concebo o infinito por uma ideia verdadeira, mas somente pela negação daquilo que é finito, da mesma forma que compreendo o repouso e as trevas pela negação do movimento e da luz, já que, pelo contrário, vejo manifestamente que se encontra mais realidade na substância infinita do que na substância finita e, portanto, que de algum modo tenho em mim primeiramente a noção do infinito e depois a do finito, ou seja, primeiramente a noção de Deus e depois a noção de mim mesmo. Com efeito, como seria possível que eu possa saber que duvido e que desejo, ou seja, que me falta alguma coisa e que não sou totalmente perfeito, se não tivesse em mim alguma ideia de um ser mais perfeito do que o meu, por cuja comparação eu conheceria os defeitos de minha natureza?

E não é possível dizer que esta ideia de Deus é materialmente falsa e que, por conseguinte, posso tê-la do nada, ou seja, que ela pode estar em mim por uma deficiência minha, como eu disse anteriormente a respeito das ideias do calor e do frio e outras coisas semelhantes. Pois, pelo contrário, sendo esta ideia extremamente clara e extremamente distinta e contendo em si mais realidade objetiva do que qualquer outra, não há nenhuma que seja por si mais verdadeira, nem que possa ser menos suspeita de erro e de falsidade.

Digo que a ideia deste ser soberanamente perfeito e infinito é totalmente verdadeira; porque, embora se possa talvez simular que um tal ser não exista, não se pode, no entanto, simular que a ideia dele não represente a mim nada de real, como acabei de dizer a respeito da ideia do frio.

Esta ideia é, também, sumamente clara e sumamente distinta, porque tudo aquilo que meu espírito concebe clara e distintamente de real e de verdadeiro, e que contém em si alguma perfeição, está contido e encerrado inteiramente nesta ideia.

E isto não deixa de ser verdadeiro, embora eu não compreenda o infinito, ou mesmo que se encontre em Deus uma infinidade de coisas que não posso compreender, nem talvez atingir de modo algum pelo pensamento, pois pertence à natureza do infinito que minha natureza, finita e limitada, não o possa compreender; e basta que eu o conceba bem, e que julgue que todas as coisas que concebo claramente, e nas quais sei que há alguma perfeição, e talvez também uma infinidade de outras que ignoro, se encontram em Deus formal ou eminentemente, para que a ideia que dele tenho seja a mais verdadeira, a mais clara e a mais distinta de todas aquelas que estão em meu espírito.

Mas talvez eu também seja algo mais do que me imagino ser e todas as perfeições que atribuo à natureza de um Deus estejam de alguma forma em mim potencialmente, embora ainda não se produzam e não se manifestem por suas ações. Com efeito, já experimento que meu conhecimento aumenta e se aperfeiçoa pouco a pouco e não vejo nada que possa impedi-lo de aumentar sempre mais até o infinito; depois, estando assim aumentado e aperfeiçoado, não vejo nada que me impeça de poder adquirir por meio dele todas as outras perfeições da natureza divina; e, por fim, parece-me que a potência que tenho para adquirir essas perfeições, se está em mim, pode ser capaz de lhe imprimir e introduzir suas ideias. No entanto, observando-o um pouco mais de perto, reconheço que isto não é possível, porque, primeiramente, embora seja verdade que meu conhecimento adquirisse todos os dias novos graus de perfeição e que haja em minha natureza muitas coisas em potência, que nela ainda não são em ato, todas estas vantagens não pertencem nem se aproximam de modo algum da ideia que tenho da Divindade, na qual nada se encontra apenas em potência, mas tudo ali é em ato e efetivamente. E, mesmo assim, não é um argumento infalível e muito certo de imperfeição em meu conhecimento o fato de ele crescer pouco a pouco e aumentar gradativamente? Além disso, embora meu conhecimento aumentasse cada vez mais, mesmo assim não deixo de conceber que ele não poderá ser infinito em ato, pois nunca chegará a um ponto tão elevado de perfeição que não seja ainda capaz de adquirir algum crescimento maior. Mas eu concebo Deus infinito em ato em um grau tão alto que não se pode acrescentar nada à perfeição soberana que ele possui. E, por fim, compreendo muito bem que o ser objetivo de uma ideia não pode ser produzido por um ser que existe apenas em potência, o qual, propriamente falando, não é nada, mas apenas por um ser formal ou em ato.

E, certamente, em tudo o que acabo de dizer, não vejo nada que não seja facílimo de compreender graças à luz natural por todos os que desejarão pensar nisso cuidadosamente; mas, quando presto menos atenção, meu espírito, encontrando-se obscurecido e como que cegado pelas imagens das coisas sensíveis, já não se recorda facilmente da razão porque a ideia que tenho de um ser mais perfeito do que o meu deve ter sido necessariamente colocada em mim por um ser que seja efetivamente mais perfeito.

É por isso que aqui quero ir além e considerar se eu mesmo, que tenho esta ideia de Deus, poderia ser caso não houvesse Deus. E pergunto: a quem eu deveria minha existência? Talvez a mim mesmo, ou a meus pais, ou então a quaisquer outras causas menos perfeitas do que Deus, porque é impossível imaginar nada mais perfeito do que ele, nem mesmo igual a ele.

Ora, se eu fosse independente de qualquer outro e fosse eu mesmo o autor de meu ser, certamente não duvidaria de coisa alguma, não conceberia mais desejos e, por fim, não me faltaria nenhuma perfeição; pois teria conferido a mim mesmo todas as perfeições das quais tenho em mim alguma ideia e, assim, eu seria Deus.

E não devo imaginar que as coisas que me faltam são talvez mais difíceis de adquirir do que aquelas que já tenho em meu poder; com efeito, ao contrário, não existe dúvida alguma de que teria sido muito mais difícil que eu – ou seja, uma coisa ou uma substância que pensa – tenha saído do nada, do que me seria adquirir as luzes e os conhecimentos de diversas coisas que ignoro e não passam de acidentes dessa substância. E, assim, sem dificuldade, se eu me tivesse dado a mim mesmo este algo mais que acabo de indicar – ou seja, se eu fosse o autor de meu nascimento e de minha existência – não me teria privado pelo menos das coisas que são de mais fácil aquisição, a saber, muitos conhecimentos dos quais minha natureza está desprovida; tampouco eu me teria privado de nenhuma das coisas que estão contidas na ideia que concebo de Deus, porque não há nenhuma cuja aquisição me pareça mais difícil; e, se houvesse alguma, certamente ela me pareceria tal (suposto que eu recebesse de mim todas as outras coisas que possuo), já que experimentaria que meu poder terminaria ali e não seria capaz de chegar até ela.

E, ainda que eu pudesse supor que talvez sempre fui como sou agora, não poderia na verdade evitar a força deste raciocínio e deixar de saber que é necessário que Deus seja o autor de minha existência. Com efeito, todo o tempo de minha vida pode ser dividido em uma infinidade de partes, cada uma das quais não depende absolutamente das outras; e, assim, do fato de eu ter sido há pouco não se segue que eu deva ser agora, a não ser que neste momento alguma causa me produza e me crie, por assim dizer, novamente, ou seja, me conserve.

Com efeito, é algo muito claro e muito evidente (a todos aqueles que considerarão com atenção a natureza do tempo) que uma substância, para ser conservada em todos os momentos de sua duração, precisa do mesmo poder e da mesma ação que seriam necessários para produzi-la e criá-la novamente, se ela ainda não fosse. De modo que a luz natural nos mostra claramente que a conservação e a criação diferem somente no tocante à nossa maneira de pensar e não efetivamente. Portanto, aqui é necessário apenas interrogar-me a mim mesmo para saber se possuo algum poder e alguma virtude que seja capaz de fazer com que eu, que agora sou, ainda seja no futuro, porque, não sendo senão uma coisa que pensa (ou, pelo menos, por se tratar até aqui precisamente desta parte de mim mesmo), se esse poder residisse em mim, certamente eu deveria pelo menos pensá-lo e dele ter conhecimento. Mas não sinto nenhum poder dentro de mim e, por isso, sei evidentemente que dependo de algum ser diferente de mim.

Pode ser, também, que esse ser do qual dependo não seja aquele que denomino Deus e que eu seja produzido ou por meus pais, ou por quaisquer outras causas menos perfeitas do que ele? Muito pelo contrário, não pode ser assim. Porque, como já disse antes, é algo muito evidente que deve haver pelo menos tanta realidade na causa quanto em seu efeito. Portanto, como sou uma coisa que pensa, e que tenho em mim alguma ideia de Deus, seja qual for enfim a causa que se atribui à minha natureza, é preciso admitir necessariamente que ela deve ser igualmente uma coisa que pensa e possuir em si a ideia de todas as perfeições que atribuo à natureza divina. Em seguida, pode-se, novamente, investigar se esta causa tem sua origem e sua existência a partir de si mesma, ou a partir de alguma outra coisa. Com efeito, se ela se origina de si mesma, segue-se, pelas razões por mim alegadas anteriormente, que ela mesma deve ser Deus, visto que, tendo a virtude de ser e existir por si, deve também sem dúvida ter o poder de possuir em ato todas as perfeições cuja ideias ela concebe, ou seja, todas aquelas que eu concebo estarem em Deus. Se ela tem sua existência a partir de alguma outra causa, indagar-se-á novamente, pela mesma razão, a respeito desta segunda causa, se ela é por si, ou por outro, até chegar, enfim, gradualmente a uma causa última que se descobrirá que é Deus. E é muito evidente que nisso não pode haver progresso *ad infinitum*, visto que aqui não se trata tanto da causa que outrora me produziu, mas sim da causa que me conserva atualmente.

Também não se pode simular que talvez diversas causas concorreram conjuntamente de modo parcial para minha produção e que de uma recebi a ideia de uma das perfeições que atribuo a Deus e de outra recebi a ideia de alguma outra perfeição, de modo que todas essas perfeições se encontram, na verdade, em alguma parte do Universo, mas não se encontram todas juntas e reunidas em uma só perfeição que seja Deus. Porque, pelo contrário, a unidade, a simplicidade ou a inseparabilidade de todas as coisas que estão em Deus é uma das principais perfeições que concebo estarem nele; e certamente a ideia desta unidade e reunião de todas as perfeições de Deus não pode ter sido instalada em mim por nenhuma causa da qual eu não tenha recebido, também, as ideias de todas as outras perfeições. Com efeito, não é possível que ela me tenha levado a compreendê-las ao mesmo tempo juntas e inseparáveis, sem ter feito ao mesmo tempo com que eu soubesse o que elas eram e que eu as conhecesse todas de alguma maneira.

No tocante aos meus pais, dos quais parece que recebi meu nascimento, embora tudo o que algum dia eu tenha podido crer a respeito seja verdadeiro, isso não faz, no entanto, com que sejam eles os que me conservam, nem que me tenham feito e produzido de tal modo que sou uma coisa que pensa, porque eles apenas puseram certas disposições nesta matéria na qual julgo que me encontro encerrado eu, ou seja, meu espírito, o único que agora tomo como sendo eu mesmo; e, portanto, não pode haver aqui nenhuma dificuldade no que lhes diz respeito, mas é necessário concluir que, pelo simples fato de eu existir, e de estar em mim a ideia de um ser soberanamente perfeito (isto é, a ideia de Deus), está demonstrada de maneira muito evidente a existência de Deus.

Resta-me, apenas, examinar de que maneira adquiri esta ideia. Com efeito, não a recebi através dos sentidos e jamais ela se apresentou a mim contra minha expectativa, como ocorre com as ideias das coisas sensíveis quando estas coisas se apresentam ou parecem apresentar-se aos órgãos exteriores dos meus sentidos. Ela também não é uma pura produção ou ficção do meu espírito, porque não está em meu poder subtrair-lhe ou acrescentar-lhe alguma coisa. E, por conseguinte, não resta outra coisa a dizer senão que, como a ideia de mim mesmo, ela nasce e é produzida comigo desde o momento em que fui criado.

E, certamente, não se deve considerar estranho que Deus, ao me criar, tenha posto em mim esta ideia para que seja como que a marca do artesão impressa em sua obra; e também não é necessário que esta marca seja algo diferente dessa mesma obra. Mas, pelo simples fato de Deus ter-me criado, é sumamente crível que ele me tenha produzido, de certa forma, à sua imagem e semelhança e que eu conceba esta semelhança (na qual está contida a ideia de Deus) por meio da mesma faculdade mediante a qual concebo a mim mesmo, ou seja, que, quando reflito sobre mim, não só conheço que sou uma coisa imperfeita, incompleta e dependente de outrem, que tende e aspira sem cessar a alguma coisa melhor e maior do que eu sou, mas também conheço, ao mesmo tempo, que aquele do qual dependo possui em si todas estas grandes coisas às quais eu aspiro e cujas ideias encontro em mim, não indefinidamente e apenas em potência, mas das quais ele goza de fato, em ato e infinitamente e, assim, que ele é Deus. E toda a força do argumento usado aqui por mim para provar a existência de Deus consiste em que reconheço que não seria possível que minha natureza fosse tal como ela é, ou seja, que eu tivesse em mim a ideia de um Deus, se Deus não existisse verdadeiramente; esse mesmo Deus, digo, cuja ideia está em mim, ou seja, que possui todas essas altas perfeições das quais nosso espírito pode muito bem possuir alguma ideia sem, no entanto, compreendê-las todas, que não está sujeito a quaisquer defeitos e que nada tem de todas as coisas que marcam alguma imperfeição.

Daí resulta com bastante evidência que ele não pode ser um impostor, pois a luz natural nos ensina que a impostura depende necessariamente de alguma falha.

Mas, antes de examinar isso mais meticulosamente e passar à consideração das outras verdades que daí se possa recolher, parece-me muito oportuno deter-me por algum tempo na contemplação desse Deus totalmente perfeito, ponderar sem pressa seus maravilhosos atributos, considerar, admirar e adorar a incomparável beleza desta imensa luz, pelo menos na medida em que poderá permitir-me a força do meu espírito, que permanece de certa forma ofuscado.

Com efeito, como a fé nos ensina que a soberana felicidade da outra vida não consiste senão nesta contemplação da Majestade divina, experimentaremos assim, desde agora, que uma meditação semelhante, embora incomparavelmente menos perfeita, nos leva a desfrutar o maior contentamento que somos capazes de sentir nesta vida.

Quarta meditação
Sobre o verdadeiro e o falso

Estou tão acostumado nestes últimos dias a desligar meu espírito dos sentidos e tenho reparado tão exatamente que há pouquíssimas coisas que conhecemos com certeza no tocante às coisas corpóreas, que há muitas mais que nos são conhecidas no tocante ao espírito humano e muitas mais ainda no tocante ao próprio Deus, que agora desviarei sem nenhuma dificuldade meu pensamento da consideração das coisas sensíveis ou imagináveis, para transferi-lo àquelas que, estando desvencilhadas de toda matéria, são puramente inteligíveis.

E, certamente, a ideia que tenho do espírito humano, na qualidade de ser uma coisa que pensa, e não extensa em comprimento, largura e profundidade, e que não participa de nada pertencente ao corpo, é incomparavelmente mais distinta do que a ideia de qualquer coisa corpórea. E quando considero que duvido, ou seja, que sou uma coisa incompleta e dependente, a ideia de um ser completo e independente, ou seja, de Deus, se apresenta ao meu espírito com igual distinção e clareza; e só pelo fato de que esta ideia se encontra em mim, ou então de que eu sou ou existo, eu que possuo esta ideia, concluo com tanta evidência a existência de Deus e que a minha depende totalmente dele em todos os momentos de minha vida, que não penso que o espírito humano possa conhecer nada com mais evidência e certeza. E já me parece que descubro um caminho que nos conduzirá desta contemplação do verdadeiro Deus (no qual estão contidos todos os tesouros da ciência e da sabedoria) ao conhecimento das outras coisas do Universo.

Com efeito, reconheço, primeiramente, que é impossível que ele alguma vez me engane, porque em toda fraude e impostura encontra-se algum tipo de imperfeição. E, embora pareça que o fato de ser capaz de enganar seja uma marca de perspicácia ou de poder, o fato de querer enganar, porém, atesta sem dúvida fraqueza ou perversidade. E, portanto, isso não pode encontrar-se em Deus.

Posteriormente, experimento em mim mesmo certo poder de julgar, que sem dúvida recebi de Deus, da mesma forma que todas as outras coisas que possuo; e, como ele não desejaria enganar-me, é certo que não o deu a mim de forma que algum dia eu possa falhar quando o usar como convém. E não restaria nenhuma dúvida desta verdade, se não se pudesse concluir daí, ao que parece, a consequência de que assim, portanto, nunca me enganei; com efeito, se recebi de Deus tudo o possuo e se ele não me deu poder para errar, parece que não devo jamais enganar-me. E, na verdade, quando só penso em Deus, não descubro em mim nenhuma causa de erro ou de falsidade. Mas depois, voltando a mim, a experiência me mostra que estou, no entanto, sujeito a uma infinidade de erros; e, ao investigar mais de perto sua causa, observo que se apresenta ao meu pensamento não apenas uma ideia real e positiva de Deus, ou então de um ser soberanamente perfeito, mas também, por assim dizer, uma certa ideia negativa do nada, ou seja, daquilo que está infinitamente longe de todo tipo de perfeição; e que sou como que um meio entre Deus e o nada, ou seja, situado de tal maneira entre o ser soberano e o não--ser que, na verdade, não se encontra em mim nada que possa me levar ao erro, na medida em que um ser soberano me produziu; mas que, se de alguma maneira me considero como participante do nada ou do não-ser, ou seja, na medida em que não sou eu mesmo o ser soberano, encontro-me exposto a uma infinidade de faltas, de sorte que não devo surpreender-me caso me engane.

Assim, fico sabendo que o erro, enquanto tal, não é algo real que depende de Deus, mas é somente um defeito; e, por isso, para errar não preciso de qualquer poder que me tenha sido dado por Deus particularmente para esta finalidade, mas que acontece que eu me engano, visto que o poder que Deus me concedeu para discernir o verdadeiro do falso não é em mim infinito.

No entanto, isso ainda não me satisfaz completamente, porque o erro não é uma pura negação, ou seja, não é a simples carência ou falta de alguma perfeição que não me é devida, mas é antes uma privação de algum conhecimento que parece que eu deveria possuir. E, considerando a natureza de Deus, não me parece possível que ele me tenha dado alguma faculdade que seja imperfeita em seu gênero, ou seja, que carece de alguma perfeição que lhe seja devida. Com efeito, se é verdade que quanto mais perito é o artesão, tanto mais são perfeitas e consumadas as obras que saem de suas mãos, qual ser imaginaríamos ter sido produzido por este soberano Criador de todas a coisas que não seja perfeito e totalmente consumado em todas as suas partes? E, certamente, não há dúvida de que Deus não pôde criar-me de tal forma que eu não pudesse jamais enganar-me e é certo, também, que ele sempre quer o que é o melhor: é, portanto, mais vantajoso para mim errar do que não errar?

Considerando isso mais atentamente, vem-me ao pensamento, em primeiro lugar, que não devo surpreender-me se minha inteligência não é capaz de compreender por que Deus faz o que faz e que, assim, não tenho nenhuma razão para duvidar de sua existência, pelo fato de talvez eu perceber por experiência muitas outras coisas sem poder compreender por que nem como Deus as produziu. Com efeito, já sabendo que minha natureza é extremamente débil e limitada e que, ao contrário, a de Deus é imensa, incompreensível e infinita, não me é difícil reconhecer que há uma infinidade de coisas em seu poder cujas causas superam o alcance de meu espírito. E esta razão por si só é suficiente para me persuadir de que todo este gênero de causas, que se tem o costume de deduzir do fim, não tem uso algum nas coisas físicas ou naturais, porque não me parece que eu possa, sem ser temerário, investigar e tentar descobrir os fins insondáveis de Deus.

Além disso, também me vem ao espírito que, ao se investigar se as obras de Deus são perfeitas, não se deve considerar uma única criatura separadamente, mas de modo geral todas as criaturas em conjunto. Com efeito, a mesma coisa que talvez pudesse com certa razão parecer sumamente imperfeita se considerada isoladamente, encontra-se perfeitíssima em sua natureza se for considerada como parte de todo este Universo. E embora, desde que tomei a resolução de duvidar de todas as coisas, só conheci certamente minha existência e a de Deus, apesar disso, desde que reconheci o infinito poder de Deus, também não poderia negar que ele tenha produzido muitas outras coisas, ou pelo menos, que possa produzi-las, de modo que eu exista e esteja situado no mundo como fazendo parte da universalidade de todos os seres.

Como consequência, olhando-me mais de perto e considerando quais são os meus erros (os quais atestam por si sós que em mim existe a imperfeição), descubro que eles dependem do concurso de duas causas, a saber, a capacidade de conhecer que está em mim e a capacidade de escolher, ou então meu livre-arbítrio, ou seja, meu entendimento e conjuntamente minha vontade. Com efeito, através unicamente do entendimento não afirmo nem nego coisa alguma, mas apenas concebo as ideias das coisas que posso afirmar ou negar. Ora, considerando-o, precisamente, desta maneira, pode-se dizer que jamais se encontra nele nenhum erro, contanto que se tome a palavra erro em sua significação própria. E, embora haja talvez no mundo uma infinidade de coisas das quais eu em meu entendimento não tenha nenhuma ideia, nem por isso se pode dizer que ele esteja privado destas ideias, como de alguma coisa devida à sua natureza, mas apenas que ele não as possui, porque não há efetivamente nenhuma razão que possa provar que Deus devesse ter-me dado uma faculdade maior e mais ampla de conhecer do que aquela que me concedeu; e, por mais que o represente para mim como artesão hábil e sábio, nem por isso devo pensar que ele devesse pôr em cada uma de suas obras todas as perfeições que ele pode pôr em algumas.

Também não posso queixar-me de que Deus não me concedeu um livre-arbítrio, ou uma vontade suficientemente ampla e perfeita, porque efetivamente a experimento tão vaga e tão ampla que não está encerrada em quaisquer limites. E o que me parece muito notável neste contexto é que, de todas as demais coisas que estão em mim, não há entre elas nenhuma tão perfeita e tão ampla que eu não reconheça muito bem que poderia ser ainda maior e mais perfeita. Com efeito, se considero, por exemplo, a faculdade de conceber que existe em mim, descubro que ela é muito pequena e bastante limitada e, ao mesmo tempo, me represento a ideia de outra faculdade muito mais ampla e mesmo infinita; e só pelo fato de poder representar-me sua ideia, conheço sem dificuldade que ela pertence à natureza de Deus. Da mesma forma, se examino a memória, ou a imaginação, ou qualquer outra faculdade, não descubro entre elas nenhuma que não seja em mim muito pequena e limitada e que em Deus não seja imensa e infinita. Em mim só experimento a vontade como sendo tão grande que não concebo a ideia de nenhuma outra mais ampla e mais extensa, de modo que é principalmente ela que me revela que trago em mim a imagem e a semelhança de Deus. Com efeito, ainda que a vontade seja incomparavelmente maior em Deus do que em mim – seja em razão do conhecimento e do poder que, encontrando-se nele associados, a tornam mais firme e mais eficaz, seja em razão do objeto, visto que se dirige e se estende infinitamente a mais coisas –, ela não me parece, entretanto, maior se a considero formal e precisamente em si mesma. Pois ela consiste apenas no fato de podermos fazer uma coisa ou não fazê-la (ou seja, afirmar ou negar, perseguir ou fugir), ou antes apenas no fato de que, para afirmar ou negar, perseguir ou fugir das coisas que o entendimento nos propõe, agimos de tal forma que não sentimos que nenhuma força exterior que nos constrange a isso. Com efeito, para ser livre, não é necessário que eu seja indiferente no tocante a escolher um ou outro de dois contrários, mas antes, quanto mais me inclino para um dos contrários – seja por reconhecer evidentemente que o bem e o verdadeiro nele se encontram, seja porque Deus dispõe dessa maneira o interior de meu pensamento – tanto mais livremente faço a escolha e a abraço. E certamente a graça divina e o conhecimento natural, longe de diminuir minha liberdade, de preferência a aumentam e a fortalecem. De modo que esta indiferença que sinto, ao não ser levado mais para um lado do que para o outro pelo peso de nenhuma razão, é o grau mais inferior da liberdade e a faz parecer mais um defeito em meu conhecimento do que uma perfeição na vontade, porque, se conhecesse sempre claramente o que é verdadeiro e o que é bom, nunca teria dificuldade em deliberar qual juízo e qual escolha eu deveria fazer; e, assim, seria totalmente livre, sem jamais ser indiferente.

Com base em tudo isso, reconheço que nem a faculdade de querer, que recebi de Deus, é por si mesma a causa de meus erros, pois é muito ampla e muito perfeita em sua espécie, nem também a faculdade de entender e conceber; porque, nada concebendo senão por meio desta faculdade que Deus me concedeu para conceber, sem dúvida tudo o que concebo, concebo-o como convém, e não é possível que nisso eu me engane. De onde, portanto, nascem os meus erros? Na verdade, nascem unicamente do fato de que, sendo a vontade muito mais ampla e muito mais extensa do que o entendimento, não a contenho nos mesmos limites, mas a estendo também às coisas que não entendo. E, sendo por si indiferente a essas coisas, a vontade se extravia e escolhe o mal em vez do bem, ou o falso em vez do verdadeiro. Isto me leva a enganar-me e a pecar.

Por exemplo, examinando nos últimos dias se alguma coisa existia no mundo, e sabendo que, pelo simples motivo de examinar esta questão, seguia-se muito evidentemente que eu mesmo existia, não podia impedir-me de julgar que uma coisa que eu concebia tão claramente era verdadeira, não que a isso me visse obrigado por nenhuma causa exterior, mas somente porque, a partir de uma grande clareza existente em meu entendimento, resultou uma grande inclinação na minha vontade; e fui levado a crer com tanto maior liberdade quanto me encontrei com menos indiferença. Pelo contrário, agora não apenas sei que existo, visto que sou uma coisa que pensa, mas apresenta-se, também, ao meu espírito uma certa ideia da natureza corpórea, o que me leva a duvidar se esta natureza que pensa, que está em mim, ou antes pela qual eu sou o que sou, é diferente desta natureza corpórea, ou então se as duas são apenas uma mesma coisa. E suponho aqui que ainda não conheço nenhuma razão que me persuada mais de uma do que da outra; e disto decorre que sou inteiramente indiferente quanto a negá-lo, ou a afirmá-lo, ou até mesmo a abster-me de emitir qualquer juízo sobre isso.

E esta indiferença não se estende apenas às coisas das quais meu entendimento não tem nenhum conhecimento, mas genericamente também a todas aquelas que ele não descobre com perfeita clareza no momento em que a vontade delibera acerca delas; porque, por mais prováveis que sejam as conjecturas que me inclinam a julgar qualquer coisa, o único conhecimento que tenho de que se trata apenas de conjecturas, e não de razões certas e indubitáveis, basta para me oferecer uma oportunidade de julgar o contrário. É o que experimentei suficientemente nos últimos dias ao estabelecer como falso tudo o que anteriormente admitira como muito verdadeiro, pelo simples fato de ter observado que de alguma forma podia ser objeto de dúvida.

Ora, se me abstenho de emitir meu juízo sobre alguma coisa, quando não a concebo com suficiente clareza e distinção, é evidente que dele me sirvo muito bem e que não me engano; mas, se me decido a negá-la ou a afirmá-la, resulta que já não me sirvo de meu livre-arbítrio como devo; e, se afirmo o que não é verdadeiro, é evidente que me engano; e, mesmo que julgue de acordo com a verdade, isso não acontece por acaso e não deixo de errar e de fazer mau uso de meu livre-arbítrio, porque a luz natural nos ensina que o conhecimento do entendimento deve sempre preceder a determinação da vontade. E é neste mau uso do livre-arbítrio que se encontra a privação que constitui a forma do erro. A privação, digo, se encontra na operação, visto que ela procede de mim; mas não se encontra no poder que recebi de Deus, nem mesmo na operação, visto que esta depende dele. Com efeito, não tenho certamente nenhum motivo para me queixar de que Deus não me deu uma inteligência mais capaz, ou uma luz natural maior do que aquela que recebo dele, porque efetivamente é próprio do entendimento finito não compreender uma infinidade de coisas, e é próprio de um entendimento criado ser finito; mas tenho todos os motivos para render-lhe graças, a ele que, embora nunca me devesse nada, mesmo assim me deu todas as poucas perfeições que estão em mim; muito longe de conceber sentimentos tão injustos como o de imaginar que ele me subtraiu ou reteve injustamente as outras perfeições que não me concedeu. Também não tenho motivo para me queixar por ele ter me dado uma vontade mais extensa do que o entendimento, visto que, não consistindo a vontade senão em uma única coisa e sendo seu sujeito como que indivisível, parece que sua natureza é tal que nada se poderia tirar dela sem destruí-la; e, certamente, quanto mais ela se revela grande, tanto mais devo agradecer à bondade daquele que a concedeu a mim. E, por fim, também não devo me queixar pelo fato de Deus cooperar comigo para formar os atos dessa vontade, ou seja, os juízos nos quais me engano, porque estes atos são totalmente verdadeiros e absolutamente bons, na medida em que dependem de Deus; e existe, por assim dizer, mais perfeição em minha natureza pelo fato de eu poder formá-los do que se eu não os pudesse formar. Quanto à privação, na qual exclusivamente consiste a razão formal do erro e do pecado, ela não precisa de nenhuma cooperação de Deus, porque não é uma coisa ou um ser, e, se for relacionada a Deus como à sua causa, não deve ser denominada privação, mas somente negação de acordo com o significado que se dá a estas palavras na escolástica.

Porque, com efeito, não é uma imperfeição em Deus o fato de ele ter-me concedido a liberdade de emitir meu juízo, ou de não emiti-lo, sobre certas coisas das quais ele não pôs em meu entendimento um conhecimento claro e distinto. Mas, sem dúvida, é em mim uma imperfeição não usá-la bem e emitir temerariamente meu juízo sobre coisas que concebo somente com obscuridade e confusão.

Vejo, no entanto, que era fácil para Deus fazer com que eu nunca me enganasse, ainda que permanecesse livre e com um conhecimento limitado, a saber, proporcionando ao meu entendimento uma clara e distinta intelecção de todas as coisas sobre as quais eu deveria algum dia deliberar ou, então, apenas gravando tão profundamente em minha memória a resolução de jamais julgar sobre alguma coisa sem concebê-la clara e distintamente que eu jamais a pudesse esquecer. E observo muito bem que, enquanto me considero completamente só, como se houvesse somente eu no mundo, teria sido muito mais perfeito do que sou se Deus me tivesse criado de tal maneira que eu nunca errasse. Mas, por isso, não posso negar que exista, de alguma forma, uma perfeição maior em todo o Universo pelo fato de algumas de suas partes não serem isentas de defeitos do que se fossem todas semelhantes. E não tenho nenhum direito de me queixar se Deus, tendo-me posto no mundo, não quis colocar-me na categoria das coisas mais nobres e mais perfeitas. Mas tenho motivo para me contentar com o fato de que, se ele não me deu a virtude de não errar pelo primeiro meio que declarei acima, que depende de um conhecimento claro e evidente de todas as coisas acerca das quais posso deliberar, ele deixou em meu poder pelo menos o outro meio que consiste em manter firmemente a resolução de jamais emitir meu juízo acerca das coisas cuja verdade não me é claramente conhecida. Com efeito, ainda que eu observe em minha natureza essa fraqueza de não poder fixar continuamente meu espírito em um mesmo pensamento, posso, no entanto, por uma meditação atenta e muitas vezes reiterada, imprimi-lo tão fortemente em minha memória que nunca deixo de recordar-me dele todas as vezes que dele tenho necessidade e adquirir desta maneira o hábito de não errar. E, visto que é nisso que consiste a maior e principal perfeição do homem, estimo não ter ganho pouco por esta Meditação, a saber, ter descoberto a causa das falsidades e dos erros.

E, certamente, não pode haver outra causa senão aquela que expliquei, porque todas as vezes que retenho minha vontade nos limites de meu conhecimento a tal ponto que ela não emite nenhum juízo senão o das coisas que lhe são clara e distintamente representadas pelo entendimento, não é possível que eu me engane, porque toda concepção clara e distinta é sem dúvida algo real e positivo e, portanto, não pode originar-se do nada, mas deve necessariamente ter Deus como seu autor, Deus, digo, que, sendo soberanamente perfeito, não pode ser causa de nenhum erro; e, por conseguinte, é preciso concluir que tal concepção ou tal juízo são verdadeiros.

De resto, hoje aprendi não só o que devo evitar para não mais errar, mas também o que devo fazer para chegar ao conhecimento da verdade. Pois, certamente, a alcançarei se detenho suficientemente minha atenção sobre todas as coisas que conceberei perfeitamente e se as separo das outras que só compreendo com confusão e obscuridade. É a isto que doravante prestarei cuidadosamente atenção.

Quinta meditação
Sobre a essência das coisas materiais; e, novamente, sobre Deus: que Ele existe

Restam-me muitas outras coisas a examinar no tocante aos atributos de Deus e no tocante à minha própria natureza, ou seja, a natureza do meu espírito; mas talvez retomarei a investigação sobre isto em outra ocasião. Agora (após ter observado o que é necessário fazer ou evitar para chegar ao conhecimento da verdade), o que tenho pincipalmente a fazer é tentar sair e desembaraçar-me de todas as dúvidas em que caí nestes últimos dias e verificar se não é possível conhecer nada de certo no tocante às coisas materiais.

Mas, antes de examinar se há tais coisas existentes fora de mim, devo considerar as suas ideias na medida em que estão presentes em meu pensamento e verificar quais são as distintas e quais são as confusas.

Em primeiro lugar, imagino distintamente esta quantidade que os filósofos denominam vulgarmente quantidade contínua, ou então extensão em comprimento, largura e profundidade, que está nessa quantidade, ou antes, na coisa à qual ela é atribuída. Além disso, posso enumerar nela muitas partes diversas e atribuir a cada uma destas partes todo tipo de grandezas, de figuras, de situações e de movimentos; e, por fim, posso atribuir a cada um destes movimentos todos os tipos de duração.

E não conheço estas coisas com distinção somente quando as considero em geral, mas também, por pouco que aplique nelas minha atenção, concebo um infinidade de particularidades no tocante aos números, às figuras, aos movimentos e a outras coisas semelhantes, cuja verdade se mostra com tanta evidência e se harmoniza tão bem com a minha natureza que, no momento em que começo a descobri-las, não me parece que aprendo nada de novo, mas antes que me recordo daquilo que eu já sabia antes, ou seja, que entrevejo as coisas que já estavam em meu espírito, embora ainda não tivesse voltado para elas o meu pensamento.

E o que descubro de mais considerável é encontrar em mim uma infinidade de ideias de certas coisas que não podem ser estimadas como um puro nada, ainda que talvez não tenham nenhuma existência fora de meu pensamento e que não são simuladas por mim, embora esteja em minha liberdade pensá-las ou não pensá-las; no entanto, elas têm suas naturezas verdadeiras e imutáveis. Por exemplo, quando imagino um triângulo, ainda talvez não haja em nenhum lugar do mundo fora de meu pensamento tal figura e talvez nunca tenha havido, não deixa, no entanto, de haver certa natureza, ou forma, ou essência determinada dessa figura, que é imutável e eterna, que não foi inventada por mim e que não depende de forma alguma de meu espírito; o que fica evidente pelo fato de se poder demonstrar diversas propriedades deste triângulo, a saber, que os três ângulos são iguais a dois retos, que o ângulo maior é sustentado pelo lado maior e outras semelhantes, que agora, quer queira ou não, reconheço muito clara e evidentemente estarem nele, embora anteriormente eu não tenha pensado nisso de modo algum quando imaginei um triângulo pela primeira vez; e, portanto, não se pode dizer que eu as simulei e inventei.

E aqui não me resta senão objetar-me que talvez esta ideia do triângulo veio ao meu espírito por intermédio dos meus sentidos, pelo fato de ter visto, às vezes, corpos de figura triangular; com efeito, posso formar em meu espírito uma infinidade de outras figuras a respeito das quais não se pode ter a menor dúvida de que tenham alguma vez chegado aos meus sentidos e, no entanto, não deixo de poder demonstrar diversas propriedades no tocante à sua natureza, bem como no tocante à natureza do triângulo, propriedades que certamente devem ser todas verdadeiras, visto que as concebo claramente. E, portanto, devem ser alguma coisa e não um puro nada, pois é muito evidente que tudo quanto é verdadeiro é alguma coisa, e acima já demonstrei amplamente que todas as coisas que conheço clara e distintamente são verdadeiras. E, embora não o tivesse demonstrado, ainda assim a natureza do meu espírito é tal que não poderia impedir-me de considerá-las verdadeiras enquanto as concebo clara e distintamente. E me recordo que, mesmo quando me achava ainda fortemente ligado aos objetos dos sentidos, eu tinha contado entre as verdades mais constantes aquelas que concebia clara e distintamente no tocante às figuras, aos números e às outras coisas pertencentes à aritmética e à geometria.

Ora, se do simples fato de poder extrair do meu pensamento a ideia de alguma coisa segue-se que tudo o que eu reconheço pertencer clara e distintamente a esta coisa lhe pertence efetivamente, não posso extrair disto um argumento e uma prova demonstrativa da existência de Deus? É certo que encontro em mim sua ideia, ou seja, a ideia de um ser soberanamente perfeito não menos do que encontro em mim a ideia de qualquer figura ou de qualquer número que seja. E não conheço menos clara e distintamente que uma existência em ato e eterna pertence à sua natureza do que conheço que tudo aquilo que posso demonstrar de alguma figura ou de algum número pertence verdadeiramente à natureza dessa figura ou desse número. E, portanto, embora tudo que concluí nas Meditações precedentes não fosse reconhecido como verdadeiro, a existência de Deus deve passar, em meu espírito, ao menos por tão certa quanto avaliei até aqui todas as verdades das matemáticas, que só se referem aos números e às figuras, embora na verdade isso não pareça, à primeira vista, totalmente evidente, mas pareça ter alguma aparência de sofisma. Com efeito, estando acostumado a fazer em todas as outras coisas uma distinção entre a existência e a essência, persuado-me facilmente de que a existência pode ser separada da essência de Deus e que, assim, se pode conceber Deus como não existente em ato. No entanto, quando penso nisso com mais atenção, descubro manifestamente que a existência não pode ser separada da essência de Deus, assim como não se pode separar da essência de um triângulo retilíneo a grandeza de seus três ângulos iguais a dois retos, ou então separar da ideia de uma montanha a ideia de um vale. De modo que não é menos contraditório conceber um Deus (ou seja, um ser soberanamente perfeito) ao qual falte a existência (ou seja, ao qual falte alguma perfeição) do que conceber uma montanha que não possui vale.

Mas, ainda que eu não possa conceber efetivamente um Deus sem existência, da mesma forma como não posso conceber uma montanha sem vale, no entanto, pelo simples fato de eu conceber uma montanha com um vale, não se segue que haja alguma montanha no mundo; do mesmo modo também, embora eu conceba Deus com a existência, parece não resultar daí que haja algum que exista, porque meu pensamento não impõe nenhuma necessidade às coisas. E, como cabe unicamente a mim imaginar um cavalo alado, embora não haja nenhum que tenha asas, assim eu poderia talvez atribuir a existência a Deus, embora não houvesse nenhum Deus existente. Pelo contrário, é aqui que existe um sofisma oculto sob a aparência desta objeção, porque, pelo fato de eu não poder conceber uma montanha sem vale, não resulta que haja no mundo alguma montanha, ou algum vale, mas apenas que a montanha e o vale, quer existam, quer não existam, não podem de forma alguma separar-se um do outro; ao passo que, pelo simples fato de eu não poder conceber Deus sem existência, resulta que a existência é inseparável dele e, portanto, que ele possa existir verdadeiramente: não que meu pensamento possa fazer com que seja assim, e que imponha às coisas alguma necessidade, mas, pelo contrário, porque a necessidade da própria coisa, a saber, a existência de Deus, determina que meu pensamento o conceba desta maneira. Pois não tenho a liberdade conceber um Deus sem existência (ou seja, um ser soberanamente perfeito sem uma perfeição soberana) como tenho a liberdade de imaginar um cavalo sem asas ou com asas.

E não se deve dizer aqui que, na verdade, é necessário que eu confesse que Deus existe, após ter suposto que ele possui todos os tipos de perfeições, já que a existência é uma delas, mas que minha primeira suposição não era efetivamente necessária; da mesma forma que não é necessário pensar que todas as figuras de quatro lados podem ser inscritas no círculo, mas que, supondo que eu tenha esse pensamento, sou obrigado a admitir que o losango pode ser inscrito no círculo, visto que é uma figura com quatro lados; e assim serei obrigado a admitir uma coisa falsa. Não se deve, digo, alegar isso, porque, embora não seja necessário que eu incorra jamais em algum pensamento de Deus, no entanto, todas as vezes que me acontece pensar em um ser primeiro e soberano e tirar, por assim dizer, sua ideia do tesouro do meu espírito, é necessário que eu lhe atribua todos os tipos de perfeições, ainda que eu não chegue a enumerá-las todas e a aplicar minha atenção sobre cada uma delas em particular. E esta necessidade é suficiente para me levar a concluir (após ter reconhecido que a existência é uma perfeição) que este ser primeiro e soberano existe verdadeiramente: do mesmo modo que não é necessário que eu imagine jamais algum triângulo. Mas, todas as vezes que quero considerar uma figura retilínea composta apenas de três ângulos, é absolutamente necessário que lhe atribua todas as coisas que servem para concluir que seus três ângulos não são maiores do que dois retos, ainda que talvez eu não considere então isso em particular. Mas, quando examino quais figuras são capazes de ser inscritas no círculo, não é de modo algum necessário eu pensar que todas as figuras de quatro lados pertencem a esse número; pelo contrário, não posso nem mesmo simular que seja isso, enquanto não desejar receber nada em meu pensamento senão aquilo que poderei conceber clara e distintamente. E, por conseguinte, existe uma grande diferença entre as falsas suposições, como é o caso desta aqui, e as ideias verdadeiras que nasceram comigo, das quais a primeira e principal é a ideia de Deus.

Pois reconheço efetivamente de diversas maneiras que esta ideia não é algo simulado ou inventado, dependente apenas de meu pensamento, mas que é a imagem de uma natureza verdadeira e imutável. Em primeiro lugar, porque eu não poderia conceber outra coisa senão unicamente Deus, a cuja essência pertence, necessariamente, a existência. Em seguida, também porque não me é possível conceber dois ou vários deuses da mesma maneira. E, suposto que há agora um que existe, vejo claramente que é necessário que ele tenha sido antes por toda a eternidade e que seja eternamente no futuro. E, por fim, porque conheço uma infinidade de outras coisas em Deus, das quais nada posso diminuir nem mudar.

De resto, seja qual for a prova ou argumento de que me sirvo, é preciso sempre voltar à noção de que só possuem a força de me persuadir por completo as coisas que concebo clara e distintamente. E, embora, entre as coisas que concebo desta maneira, existam na verdade algumas manifestamente conhecidas de cada um e haja, também, outras que só são descobertas por aqueles que as consideram mais de perto e as examinam com maior precisão, mesmo assim, após serem uma vez descobertas, não são avaliadas menos certas umas do que as outras. Como em todo triângulo retângulo, embora à primeira vista não pareça tão facilmente que o quadrado da base seja igual aos quadrados dos dois outros lados, como é evidente que esta base é oposta ao ângulo maior, mesmo assim, depois de isso ter sido reconhecido uma vez, fica-se persuadido tanto de uma verdade quanto da outra. E, no tocante a Deus, se meu espírito não fosse vítima de alguns preconceitos e meu pensamento não se encontrasse distraído pela presença contínua das imagens das coisas sensíveis, não haveria nenhuma coisa que eu conhecesse primeiro nem mais facilmente do que ele. Com efeito, há algo por si só mais claro e mais manifesto do que pensar que há um Deus, ou seja, um ser soberano e perfeito, em cuja ideia unicamente está compreendida a existência necessária ou eterna e, portanto, que existe?

E embora, para bem conceber esta verdade, eu tenha necessitado de uma grande aplicação de espírito, agora, no entanto, não só me encontro tão seguro dela quanto de tudo aquilo que me parece o mais certo; mas, além disso, observo que a certeza de todas as outras coisas dela depende tão absolutamente que, sem esse conhecimento, é impossível poder algum dia saber algo perfeitamente.

Com efeito, embora eu seja de tal natureza que, desde o momento em que compreendo alguma coisa muito clara e distintamente, sou levado naturalmente a acreditar que seja verdadeira, ainda assim, por eu ser também de tal natureza que não posso ter o espírito sempre ligado a uma mesma coisa e por me lembrar muitas vezes de ter julgado que uma coisa é verdadeira, quando cesso de considerar as razões que me obrigaram a julgá-la como tal, pode ocorrer durante esse tempo que outras razões se me apresentem, as quais me fariam facilmente mudar de opinião, se eu ignorasse que houvesse um Deus. E, assim, eu nunca teria uma ciência verdadeira e certa de qualquer coisa que seja, mas apenas opiniões vagas e instáveis.

Por exemplo, quando considero a natureza do triângulo, conheço evidentemente, eu que sou um pouco versado em geometria, que seus três ângulos são iguais a dois ângulos retos, e me é impossível não crer nisso enquanto aplico meu pensamento à sua demonstração; mas, logo que dela me desvio, embora me lembre de tê-la compreendido claramente, é facilmente possível, no entanto, ocorrer que eu duvide de sua verdade se ignorar que haja um Deus. Porque posso persuadir-me de ter sido feito pela natureza de tal forma que posso facilmente me enganar, mesmo nas coisas que acredito compreender com o máximo de evidência e certeza, visto, principalmente, que me lembro de ter muitas vezes avaliado como verdadeiras e certas muitas coisas que posteriormente outras razões me levaram a julgar absolutamente falsas.

Mas, depois que reconheci que há um Deus, porque ao mesmo tempo reconheci também que todas as coisas dependem dele e que ele não é um impostor, e que em decorrência disso julguei que tudo aquilo que concebo clara e distintamente não pode deixar de ser verdadeiro – ainda que não pense mais nas razões que me levaram a julgar que isso era verdadeiro, contanto que me lembre de tê-lo compreendido clara e distintamente – ninguém pode me apresentar nenhuma razão contrária que faça jamais pô-lo em dúvida; e, assim, tenho disso uma ciência verdadeira e certa. E essa mesma ciência se estende, também, a todas as outras coisas que me lembro ter outrora demonstrado, como às verdades da geometria e outras semelhantes: com efeito, o que se pode objetar a mim para me obrigar a pô-las em dúvida? Dir-me-ão que minha natureza é tal que estou extremamente sujeito a me enganar?

Mas já sei que não posso me enganar nos juízos cujas razões conheço claramente. Dir-me-ão que outrora considerei como verdadeiras e certas muitas coisas que, posteriormente, reconheci como falsas? Mas eu não tinha conhecido clara e distintamente nenhuma dessas coisas e, não conhecendo ainda essa regra mediante a qual me asseguro da verdade, eu havia sido levado a crer nelas por razões que reconheci posteriormente serem menos fortes do que então as havia imaginado. O que mais, portanto, se poderá objetar-me? Que talvez eu esteja dormindo (como eu próprio objetara a mim mesmo precedentemente), ou então que todos os pensamentos que possuo agora não são mais verdadeiros do que os devaneios que imaginamos quando dormimos? Mas, mesmo que eu dormisse, tudo aquilo que se apresenta ao meu espírito com evidência é absolutamente verdadeiro. E, assim, reconheço muito claramente que a certeza e a verdade de toda ciência dependem unicamente do conhecimento do Deus verdadeiro, de modo que, antes de conhecê-lo, eu não podia saber perfeitamente nenhuma outra coisa. E agora que o conheço, disponho do meio de adquirir uma ciência perfeita no tocante a uma infinidade de coisas, não apenas daquelas que estão nele, mas também daquelas que pertencem à natureza corpórea, na medida em que ela pode ser usada como objeto para as demonstrações dos geômetras, os quais não consideram sua existência.

Sexta meditação

Sobre a existência das coisas materiais e sobre a real distinção entre a alma e o corpo do homem

Só me resta, agora, examinar se existem coisas materiais. E, certamente, já sei pelo menos que podem existir na medida em que são consideradas o objeto das demonstrações da geometria, visto que desta maneira as concebo muito clara e distintamente. Pois não há dúvida de que Deus tenha o poder de produzir todas as coisas que sou capaz de conceber distintamente; e nunca julguei que lhe fosse impossível fazer qualquer coisa senão quando eu encontrava contradição em poder concebê-la bem. Além disso, a faculdade de imaginar que existente em mim, da qual vejo por experiência que me sirvo quando me aplico à consideração das coisas materiais, é capaz de me persuadir da existência delas: com efeito, quando considero atentamente o que é a imaginação, descubro que ela não é outra coisa senão uma certa aplicação da faculdade cognitiva ao corpo que lhe está intimamente presente e, portanto, que existe.

E, para tornar isto bem manifesto, observo primeiramente a diferença que existe entre a imaginação e a pura intelecção ou concepção. Por exemplo, quando imagino um triângulo, não o concebo apenas como uma figura composta e compreendida por três linhas, mas considero, além disso, essas três linhas como presentes mediante a força e a aplicação interior do meu espírito; e é propriamente isso que chamo de imaginar. Se quero pensar em um quiliágono, na verdade concebo muito bem que é uma figura composta de mil lados com tanta facilidade como concebo que um triângulo é uma figura composta apenas de três lados; mas não posso imaginar os mil lados de um quiliágono como imagino os três lados de um triângulo nem, por assim dizer, olhá-los como presentes mediante os olhos do meu espírito. E, embora, seguindo o costume que tenho de servir-me sempre de minha imaginação, quando penso nas coisas corpóreas, acontece que, concebendo um quiliágono, eu me represento confusamente qualquer figura, é muito evidente, no entanto, que esta figura não é um quiliágono, visto que ela não difere em nada daquela que eu me representaria se pensasse em um miriágono, ou em qualquer figura de muitos lados, e que não serve de forma alguma para descobrir as propriedades que constituem a diferença entre o quiliágono e os outros polígonos.

Caso se trate de considerar um pentágono, é bem verdade que posso conceber sua figura tão bem como a de um quiliágono, sem a ajuda da imaginação; mas posso imaginá-la, também, aplicando a atenção de meu espírito a cada um dos seus cinco lados e, ao mesmo tempo, à área ou ao espaço que eles encerram. Assim sei, claramente, que preciso de uma contenção particular do espírito para imaginar, da qual não me sirvo para conceber; e esta contenção particular do espírito mostra evidentemente a diferença que existe entre a imaginação e a intelecção ou concepção pura.

Observo, além disso, que esta virtude de imaginar que existe em mim, enquanto difere do poder de conceber, não é de maneira alguma necessária à minha natureza ou à minha essência, ou seja, à essência de meu espírito; com efeito, ainda que não a possuísse, sem dúvida eu permaneceria sempre o mesmo que sou agora, e daí parece que se pode concluir que ela depende de algo que difere do meu espírito. E concebo facilmente que, se existe algum corpo ao qual meu espírito esteja associado e unido de tal forma que ele pudesse aplicar-se a considerá-lo quando lhe aprouvesse, pode ser que, por este meio, ele imagine as coisas corpóreas, de sorte que esta maneira de pensar difere da intelecção pura apenas no fato de que o espírito, ao conceber, se volta de alguma forma para si mesmo e considera alguma das ideias que ele tem em si; mas, ao imaginar, ele se volta para o corpo e nele considera alguma coisa em consonância com a ideia que ele formou de si mesmo ou que recebeu pelos sentidos. Digo que concebo facilmente que a imaginação pode ser constituída desta maneira, se for verdade que existem corpos. E, porque não posso encontrar nenhum outro meio para explicar como ela é constituída, conjecturo a partir disso que provavelmente há corpos: mas isto é apenas provavelmente e, ainda que eu examine cuidadosamente todas as coisas, mesmo assim não vejo que, desta ideia distinta da natureza corpórea, que tenho em minha imaginação, eu possa extrair algum argumento do qual se conclua necessariamente a existência de algum corpo.

Ora, acostumei-me a imaginar muitas coisas além desta natureza corpórea que é o objeto da geometria, a saber: as cores, os sons, os sabores, a dor e outras coisas semelhantes, embora menos distintamente. E, visto que percebo muito melhor estas coisas pelos sentidos – por intermédio dos quais, e da memória, parecem ter chegado à minha imaginação –, creio que, para examiná-las mais comodamente, convém examinar concomitantemente o que é sentir, e ver se, das ideias que recebo em meu espírito mediante esta maneira de pensar, que denomino sentir, posso obter alguma prova certa da existência das coisas corpóreas.

Em primeiro lugar, evocarei em minha memória quais são as coisas que, anteriormente, considerei verdadeiras, como tendo-as recebido através dos sentidos, e sobre quais fundamentos se apoiava minha crença. E, em seguida, examinarei as razões que me obrigaram mais tarde a pô-las em dúvida. E, finalmente, considerarei o que devo crer agora a respeito delas.

Primeiramente, portanto, senti que tinha uma cabeça, mãos, pés e todos os outros membros de que se compõe o corpo que eu considerava como uma parte de mim mesmo, ou talvez também como o todo. Além disso, senti que esse corpo estava situado entre muitos outros, dos quais ele era capaz de receber diversos confortos e desconfortos, e reparava estes confortos por certa sensação de prazer ou deleite e os desconfortos por uma sensação de dor. E, além desse prazer e dessa dor, eu sentia em mim também fome, sede e outros apetites semelhantes, como também certas inclinações corpóreas à alegria, à tristeza, à cólera e outras paixões semelhantes. E externamente, além da extensão, das figuras, dos movimentos dos corpos, eu observava neles a dureza, o calor e todas as suas qualidades referentes ao tato. Além disso, eu observava luz, cores, odores, sabores e sons cuja variedade me permitia distinguir uns dos outros o céu, a terra, o mar e, de modo geral, todos os outros corpos.

E, certamente, considerando as ideias de todas essas qualidades que se apresentavam ao meu pensamento, as únicas que eu sentia de maneira própria e imediata, não era sem razão que eu acreditava sentir coisas inteiramente diferentes do meu pensamento, a saber, corpos donde procediam essas ideias. Com efeito, eu experimentava que elas se apresentavam ao meu pensamento sem que, para isso, fosse requisitado meu consentimento, de modo que eu não podia sentir nenhum objeto, por mais vontade que tivesse, se não se encontrasse presente no órgão de um dos meus sentidos; e não estava absolutamente em meu poder deixar de senti-lo quando nele estivesse presente.

E, porque as ideias que eu recebia pelos sentidos eram muito mais vivas, mais explícitas e, a seu modo, até mais distintas do que qualquer uma daquelas que eu podia simular por mim mesmo ao meditar, ou então que eu encontrava impressas em minha memória, parecia que não podiam proceder de meu espírito, de modo que era necessário que fossem causadas em mim por quaisquer outras coisas. Não tendo dessas coisas nenhum conhecimento senão aquele que essas mesmas ideias me proporcionavam, não podia acudir ao meu espírito outra coisa senão que aquelas coisas eram semelhantes às ideias que elas produziam.

E, porque me recordava, também, que me servira mais dos sentidos do que da razão, e reconhecia que as ideias que eu formava de mim mesmo não eram tão explícitas como aquelas que eu recebia pelos sentidos, e mesmo que eram o mais das vezes compostas das partes destas, persuadia-me facilmente de que não tinha nenhuma ideia em meu espírito que não tivesse passado antes por meus sentidos. Também não era sem alguma razão que eu acreditava que este corpo (o qual, em virtude de certo direito particular, eu chamava de meu) me pertencia mais própria e estritamente do que outro, porque efetivamente não podia jamais estar separado dele com estava separado dos outros corpos. Experimentava nele e por ele todos os meus apetites e todas a meus afetos; e, por fim, eu era tocado pelos sentimentos de prazer e de dor em suas partes e não naquelas dos outros corpos que dele estão separados.

Mas, quando examinava por que de algum sentimento de dor que desconheço resulta a tristeza no espírito e do sentimento de prazer nasce a alegria, ou então por que esta sensação estomacal que desconheço, que denomino fome, nos leva a ter vontade de comer, e a secura da garganta nos leva a querer beber, e assim quanto ao resto, eu não podia apresentar nenhuma razão para isso senão que a natureza a mim o ensinava desta maneira. Com efeito, certamente não há nenhuma afinidade nem relação alguma (pelo menos que eu possa compreender) entre esta sensação estomacal e o desejo de comer, não mais do que há entre o sentimento da coisa que causa a dor e o pensamento de tristeza nascido desta sensação. E, da mesma forma, parecia-me que havia aprendido da natureza todas as coisas que eu julgava pertencerem aos objetos dos meus sentidos, porque observava que os juízos que eu estava habituado a fazer desses objetos se formavam em mim antes de eu dispor de lazer para ponderar e considerar quaisquer razões que pudessem obrigar-me a fazê-los.

Mas, posteriormente, diversas experiências arruinaram paulatinamente toda a crença que eu depositara nos sentidos. Com efeito, observei diversas vezes que as torres, que de longe me haviam parecido redondas, olhando de perto me pareciam quadradas, e que os colossos, erguidos sobre os mais altos cumes dessas torres, me pareciam pequenas estátuas quando olhados de baixo; e, assim, em uma infinidade de outras ocasiões, descobri erro nos juízos baseados nos sentidos exteriores. E não só baseados nos sentidos exteriores, mas inclusive nos interiores: pois existe coisa mais íntima ou mais interior do que a dor? E, no entanto, soube outrora de algumas pessoas com os braços e as pernas amputados que, às vezes, ainda lhes parecia sentir a dor na parte que lhes havia sido amputada, o que me dava motivo para pensar que eu também não podia estar seguro de sofrer em algum dos meus membros, embora sentisse nele a dor.

E a estas razões para duvidar ainda acrescentei há pouco duas outras bastante gerais. A primeira é que jamais acreditei sentir nada quando estava desperto que não possa, também, às vezes, acreditar sentir quando durmo; e, como não creio que as coisas que me parece que sinto dormindo procedem de quaisquer objetos exteriores a mim, não via por que devesse de preferência ter esta crença no tocante às coisas que me parece que sinto quando estou desperto. E a segunda é que, não conhecendo ainda – ou melhor, simulando não conhecer – o autor de meu ser, eu não via nada que pudesse impedir que eu não tivesse sido feito pela natureza a ponto de me enganar nas coisas que me pareciam as mais verdadeiras.

E, quanto às razões que anteriormente me haviam persuadido da verdade das coisas sensíveis, eu não tinha muita dificuldade para responder. Porque, parecendo que a natureza me levava a muitas coisas das quais a razão me desviava, não acreditava que devia confiar muito nos ensinamentos desta natureza. E, embora as ideias que recebo pelos sentidos não dependam de minha vontade, eu não pensava que se devia por isso concluir que procediam de coisas diferentes de mim, visto que talvez se possa encontrar em mim alguma faculdade (embora até aqui me tenha sido desconhecida) que seja a causa delas e que as produza.

Mas, agora que começo a conhecer melhor a mim mesmo e a descobrir mais claramente o autor de minha origem, não penso, na verdade, que deva admitir temerariamente todas as coisas que os sentidos parecem nos revelar, mas também não penso que deva pôr em dúvida todas elas de modo geral.

Em primeiro lugar, já que sei que todas as coisas que concebo clara e distintamente podem ser produzidas por Deus tais como as concebo, basta que eu possa conceber clara e distintamente uma coisa sem outra para estar certo de que uma é distinta ou diferente da outra, porque elas podem ser postas separadamente, ao menos pela onipotência de Deus; e não importa por qual poder essa separação seja feita para me obrigar a julgá-las diferentes. E, portanto, pelo simples fato de saber com certeza que existo, e que, no entanto, não noto que nenhuma outra coisa pertence necessariamente à minha natureza ou à minha essência senão o fato eu ser uma coisa que pensa, concluo com razão que minha essência consiste unicamente no fato de eu ser uma coisa que pensa, ou uma substância cuja essência total ou natureza consiste apenas em pensar. E, embora talvez (ou melhor, com certeza, como logo direi) eu tenha um corpo ao qual estou muito estreitamente unido, apesar disso, porque tenho por um lado uma ideia clara e distinta de mim mesmo, na medida em que sou apenas uma coisa que pensa e não uma coisa extensa e, por outro, tenho uma ideia distinta do corpo, na medida em que ele é apenas uma coisa extensa e que não pensa, é certo que esse eu, ou seja, minha alma, pela qual sou o que sou, é total e verdadeiramente distinta do meu corpo e pode ser ou existir sem ele.

Além disso, encontro em mim faculdades de pensar totalmente particulares e distintas de mim, ou seja, as faculdades de imaginar e de sentir, sem as quais posso muito bem me conceber clara e distintamente em minha totalidade, mas não elas sem mim, ou seja, sem uma substância inteligente à qual estejam vinculadas. Com efeito, na noção que temos dessas faculdades, ou (para servir-me dos termos da Escola) em seu conceito formal, elas encerram algum tipo de intelecção; e daí concebo que elas são distintas de mim, como as figuras, os movimentos e os outros modos ou acidentes dos corpos são distintos dos próprios corpos que os sustentam.

Reconheço, também, em mim algumas outras faculdades, como a de mudar de lugar, de assumir várias posturas e outras semelhantes, que não podem ser concebidas, tanto quanto as anteriores, sem alguma substância à qual estejam vinculadas, nem, por conseguinte, existir sem elas. Mas é bem evidente que estas faculdades, se é verdade que existem, devem estar vinculadas a alguma substância corpórea ou extensa e não a uma substância inteligente, já que, em seu conceito claro e distinto, está realmente contido algum tipo de extensão, mas não de inteligência. Além disso, encontra-se em mim certa faculdade passiva de sentir, ou seja, de receber e de conhecer as ideias das coisas sensíveis; mas ela me seria inútil e eu não poderia de forma alguma me servir dela se não houvesse em mim, ou em outrem, outra faculdade ativa, capaz de formar e produzir estas ideias. Ora, esta faculdade ativa não pode existir em mim enquanto sou apenas uma coisa que pensa, visto que ela não pressupõe meu pensamento, e também porque frequentemente essas ideias me são representadas sem que, para isso, eu contribua de forma alguma, e mesmo frequentemente contra a minha vontade. É necessário, portanto, que ela exista em alguma substância diferente de mim, na qual toda a realidade – que está objetivamente nas ideias que dela são produzidas – esteja contida formal ou eminentemente (como o observei anteriormente). E esta substância é ou um corpo – ou seja, uma natureza corpórea na qual está contido formal e efetivamente tudo aquilo que está objetivamente e por representação nas ideias – ou então é o próprio Deus, ou alguma outra criatura mais nobre do que o corpo, na qual isso mesmo está contido de maneira eminente.

Ora, não sendo Deus um impostor, é muito evidente que ele não me envia estas ideias imediatamente por si mesmo, nem tampouco por intermédio de alguma criatura na qual a realidade delas não esteja contida formalmente, mas apenas de maneira eminente. Com efeito, não tendo ele concedido a mim nenhuma faculdade para saber que seja assim, mas, ao contrário, tendo-me concedido uma grande inclinação para crer que elas me são enviadas ou que partem das coisas corpóreas, não vejo como se poderia escusá-lo de impostura, se efetivamente essas ideias partissem ou fossem produzidas por outras causas que não por coisas corpóreas. E, portanto, é preciso confessar que há coisas corpóreas que existem.

No entanto, talvez elas não sejam plenamente tais como as percebemos pelos sentidos, pois esta percepção dos sentidos é muito obscura e confusa no tocante a diversas coisas; mas pelo menos é preciso admitir que todas as coisas que ali concebo clara e distintamente, ou seja, todas as coisas, falando em termos gerais, que estão contidas no objeto da geometria especulativa, ali se encontram verdadeiramente. Mas, no tocante às outras coisas, que ou são apenas particulares – por exemplo que o sol seja de tal magnitude e de tal forma etc. – ou então são concebidas menos clara e distintamente, como a luz, o som, a dor e outras semelhantes, é certo que, embora sejam sumamente duvidosas e incertas, mesmo assim, pelo simples fato de que Deus não é um impostor e que, por conseguinte, não permitiu que possa haver alguma falsidade em minhas opiniões sem dar-me, também, alguma faculdade capaz de corrigi-las, creio poder concluir seguramente que tenho em mim os meios de conhecê-las com certeza.

E, em primeiro lugar, não há dúvida de que tudo o que a natureza me ensina contém alguma verdade. Com efeito, por natureza, considerada em geral, não entendo agora outra coisa senão o próprio Deus, ou então a ordem e a disposição que Deus estabeleceu nas coisas criadas. E, por minha natureza em particular, não entendo outra coisa senão o encadeamento ou a combinação de todas as coisas que Deus me concedeu.

Ora, não há nada que esta natureza me ensine mais expressamente, nem mais sensivelmente, do que o fato de eu ter um corpo que se torna indisposto quando sinto dor, que tem necessidade de comer ou de beber quando tenho as sensações da fome ou da sede etc. E, portanto, não devo de modo algum duvidar de que nisso não haja alguma verdade.

A natureza me ensina, também, por essas sensações de dor, de fome, de sede etc., que não estou apenas alojado em meu corpo, como um piloto em seu navio, mas que, além disso, estou a ele ligado muito estreitamente e a tal ponto confundido e mesclado que é como se compusesse um único todo com ele. Com efeito, se não fosse assim, quando meu corpo fosse ferido, eu não sentiria a dor por causa disso, eu que não sou senão uma coisa que pensa, mas perceberia essa lesão apenas pelo entendimento, como um piloto percebe pela visão se alguma coisa se rompe em seu navio; e, quando meu corpo tivesse necessidade de beber ou de comer, eu conheceria simplesmente isso mesmo, sem ser avisado disso por sensações confusas de fome e de sede. Porque, com efeito, todas essas sensações de fome, de sede, de dor etc. não são outra coisa senão certas maneiras confusas de pensar, que provêm e dependem da união e como que mescla do espírito com o corpo.

Além disso, a natureza me ensina que diversos outros corpos existem ao redor do meu, alguns dos quais devo buscar, enquanto de outros devo fugir. E, certamente, pelo fato de eu sentir diferentes tipos de cores, de odores, de sabores, de sons, de calor, de dureza etc., concluo com razão que há nos corpos, dos quais procedem todas estas diversas percepções sensoriais, algumas variedades que lhes correspondem, embora talvez essas variedades não lhes sejam efetivamente semelhantes. E também, visto que, entre estas diversas percepções sensoriais, algumas me são agradáveis e outras desagradáveis, posso tirar uma conclusão absolutamente certa de que meu corpo (ou melhor, eu próprio como um todo, na medida em que sou composto de corpo e alma) pode receber diversos confortos e desconfortos dos outros corpos que o cercam.

Mas há diversas outras coisas que a natureza parece ter me ensinado, as quais, no entanto, não recebi verdadeiramente dela, mas que se introduziram em meu espírito graças a certo costume que tenho de julgar as coisas levianamente; e disso pode facilmente resultar que contenham alguma falsidade. Como a opinião que tenho de que todo espaço onde não há nada que se mova e impressione meus sentidos seja vazio; de que em um corpo que é quente há alguma coisa semelhante à ideia do calor que está em mim; de que em um corpo branco ou negro haja a mesma brancura ou negrura que eu percebo pelos sentidos; de que em um corpo amargo ou doce haja o mesmo gosto ou o mesmo sabor e assim por diante; de que os astros, as torres e todos os outros corpos distantes sejam da mesma forma e magnitude que parecem ter aos nossos olhos quando vistos de longe etc.

Mas, para que não haja nisso nada que eu não conceba distintamente, devo definir com precisão o que entendo propriamente quando digo que a natureza me ensina alguma coisa. Com efeito, tomo aqui a natureza em um significado mais restrito do que quando a denomino uma junção ou encadeamento de todas as coisas que Deus me deu, visto que esta junção ou encadeamento compreende muitas coisas que pertencem exclusivamente ao espírito, das quais não pretendo falar aqui ao falar da natureza: como a noção que tenho desta verdade, a saber, que aquilo que uma vez foi feito não pode não ter sido feito, e uma infinidade de outras semelhantes, que conheço pela luz natural, sem a ajuda do corpo, compreendendo também este diversas outras que pertencem exclusivamente ao corpo e não estão aqui incluídas sob o nome de natureza: como a qualidade que o corpo tem de ser pesado e diversas outras semelhantes, às quais também não me refiro, mas somente às coisas que Deus me deu, como sendo composto do espírito e do corpo. Ora, esta natureza me ensina muito bem a fugir das coisas que causam em mim a sensação de dor e a voltar-me para aquelas que me transmitem alguma sensação de prazer. Mas não vejo, além disso, que ela me ensine que, a partir destas percepções dos sentidos, devamos algum dia concluir algo relativo às coisas que estão fora de nós, sem que o espírito as tenha examinado cuidadosa e maduramente. Com efeito, parece-me que cabe unicamente ao espírito, e não ao composto espírito/corpo, conhecer a verdade dessas coisas.

Assim, embora uma estrela não cause mais impressão em meu olho do que o fogo de uma pequena tocha, não há em mim, no entanto, nenhuma faculdade real ou natural que me leve a crer que ela não é maior do que esse fogo; foi assim, no entanto, que a julguei desde meus primeiros anos sem nenhum fundamento racional. E, embora, aproximando-me do fogo, eu sinta calor, e mesmo que, aproximando-me demais, eu sinta dor, não há, todavia, nenhuma razão capaz de persuadir-me de que há no fogo alguma coisa semelhante a esse calor e tampouco a essa dor; mas somente tenho razão para crer que nele há alguma coisa, seja ela qual for, que excita em mim essas sensações de calor e de dor.

Do mesmo modo, embora existam espaços nos quais nada encontro que excite e estimule meus sentidos, nem por isso devo concluir que estes espaços não contêm em si nenhum corpo. Mas vejo que, tanto nisso quanto em diversas outras coisas semelhantes, estou acostumado a perverter e confundir a ordem da natureza, porque, tendo sido essas sensações ou percepções colocadas em mim apenas para indicar ao meu espírito quais coisas são convenientes ou prejudiciais ao composto do qual ele faz parte, e sendo até aí bastante claras e bastante distintas, apesar disso me sirvo delas como se fossem regras muito certas, pelas quais eu pudesse conhecer imediatamente a essência e a natureza dos corpos exteriores a mim, a respeito da qual, no entanto, tudo o que podem ensinar-me é sumamente obscuro e confuso.

Mas anteriormente já examinei suficientemente como, não obstante a soberana bondade de Deus, acontece haver falsidade nos juízos que emito desse modo. Apresenta-se ainda aqui somente uma dificuldade no tocante às coisas que a natureza me ensina deverem ser procuradas ou evitadas e também no tocante às sensações interiores que ela depositou em mim, pois parece-me que, às vezes, observei nelas o erro e, assim, que sou enganado diretamente por minha natureza. Como o gosto agradável de alguma carne, na qual foi misturado veneno, pode convidar-me a ingerir esse veneno e assim me enganar. No entanto, é verdade que nisto a natureza pode ser desculpada, porque ela me leva apenas a desejar a carne na qual encontro um sabor agradável e não a desejar o veneno, o qual lhe é desconhecido; disso resulta que não posso concluir outra coisa senão que minha natureza não conhece plena e universalmente todas as coisas, e nisto não há certamente motivo para admirar-se, visto que o homem, sendo de uma natureza finita, só pode ter um conhecimento de perfeição limitada.

Mas também nos enganamos muitas vezes até mesmo nas coisas às quais somos levados diretamente pela natureza, como acontece com os doentes quando desejam beber ou comer coisas que podem ser-lhes prejudiciais. Dir-se-á talvez aqui que a causa de seu engano consiste em que sua natureza é corrompida; mas isto não elimina a dificuldade, porque um homem doente não é menos verdadeiramente uma criatura de Deus do que um homem que goza de plena saúde; e, portanto, repugna à bondade de Deus o fato de tanto ele quanto o outro terem uma natureza enganosa e falha. E, assim como um relógio, composto de engrenagens e contrapesos, não deixa de observar menos exatamente todas as leis da natureza quando é malfeito e não mostra direito as horas do que quando satisfaz plenamente o desejo do artesão, do mesmo modo, também, se considero o corpo do homem como sendo uma máquina de tal modo construída e composta de ossos, nervos, músculos, veias, sangue e pele que, ainda que não tivesse em si nenhum espírito, não deixaria de mover-se de todas as mesmas maneiras como o faz presentemente, quando não se move pela orientação de sua vontade, nem consequentemente pela ajuda do espírito, mas unicamente pela disposição de seus órgãos, reconheço facilmente que seria tão natural a esse corpo (sendo, por exemplo, hidrópico) sofrer de secura da garganta – o que costuma indicar ao espírito a sensação de sede e estar disposto por esta secura a mover seus nervos e suas outras partes da maneira requerida para beber, e assim aumentar seu mal e prejudicar a si mesmo – quanto lhe é natural, quando não tem nenhuma indisposição, ser levado, por uma semelhante secura da garganta, a tomar uma bebida que lhe é útil. E ainda que, no tocante ao uso ao qual o relógio foi destinado por seu artesão, eu possa dizer que ele se desvia da ordem de sua natureza quando não marca corretamente as horas, e que, da mesma forma, considerando a máquina do corpo humano como tendo sido formada por Deus para ter em si todos os movimentos que costumam nela existir, tenho motivo para pensar que ela não segue a ordem de sua natureza quando sua garganta está seca e que o beber prejudica sua conservação, apesar disso reconheço que esta última maneira de explicar a natureza difere muito da outra. Com efeito, esta não passa de uma simples denominação, que depende totalmente de meu pensamento, que compara um homem doente e um relógio malfeito à ideia que tenho de um homem sadio e de um relógio bem feito, e que não indica nada que se encontre na coisa em pauta; ao passo que, pela outra maneira de explicar a natureza, entendo algo que se encontra verdadeiramente nas coisas e, por isso, não deixa de ter alguma verdade.

Mas, certamente, embora no tocante ao corpo hidrópico seja apenas uma denominação exterior dizer que sua natureza é corrompida, porque, sem ter necessidade de beber, ele não deixa de ter a garganta seca e árida, apesar disso, no tocante a todo o composto, ou seja, o espírito ou a alma unida a este corpo, não se trata de uma pura denominação, mas sim de um verdadeiro erro da natureza, porque ele tem sede quando lhe é muito prejudicial beber; e, portanto, resta ainda examinar como a bondade de Deus não impede que a natureza do homem, entendida desta maneira, seja deficiente e enganadora.

Para começar esse exame, portanto, observo aqui, primeiramente, que há uma grande diferença entre o espírito e o corpo pelo fato de que o corpo, por sua natureza, é sempre divisível e o espírito é totalmente indivisível. Porque efetivamente, quando considero meu espírito, ou seja, eu mesmo enquanto sou apenas uma coisa que pensa, não posso distinguir nele nenhuma parte, mas me concebo como uma coisa única e inteira. E, embora todo o espírito pareça estar unido a todo o corpo, no entanto, se um pé ou um braço ou qualquer outra parte é separada do meu corpo, é certo que, por isso, nada será suprimido de meu espírito. E não se pode dizer propriamente que as faculdades de querer, de sentir, de conceber etc., são suas partes, porque o mesmo espírito se dedica todo inteiro a querer e também todo inteiro a sentir, a conceber etc. Mas acontece completamente o contrário nas coisas corpóreas ou extensas, porque não há entre elas nenhuma que eu não faça em pedaços facilmente por meio de meu pensamento, que meu espírito não divida com toda a facilidade em diversas partes e, por conseguinte, que eu não saiba que é divisível. E isto bastaria para me ensinar que o espírito ou a alma do homem é totalmente diferente do corpo, se já não o tivesse aprendido suficientemente em outro lugar.

Observo também que o espírito não recebe imediatamente a impressão de todas as partes do corpo, mas apenas do cérebro, ou talvez até de uma de suas partes mais pequenas, a saber, daquela em que se exerce a faculdade que chamam de senso comum, a qual, todas as vezes que é disposta da mesma maneira, leva o espírito a sentir a mesma coisa, embora, no entanto, as outras partes do corpo possam estar dispostas de maneira diversa, como o atesta uma infinidade de experiências que não é necessário relatar aqui.

Observo, além disso, que a natureza do corpo é tal que nenhuma de suas partes pode ser posta em movimento por outra parte um pouco afastada, sem que possa ser também da mesma forma por cada uma das partes que estão entre duas, embora esta parte mais afastada não atue. Por exemplo, na corda A B D que está toda esticada, se puxarmos e deslocarmos a última parte D, a primeira A não será deslocada de maneira diferente do que poderíamos, também, fazê-la se mover se puxássemos uma das partes intermediárias, B ou C, e que a última D, no entanto, permanecesse imóvel. E, da mesma maneira, quando sinto dor no pé, a física me ensina que esta sensação é transmitida por meio dos nervos dispersos no pé, que, encontrando-se estendidos como cordas desde esse ponto até o cérebro – quando são puxados no pé, puxam também simultaneamente o local do cérebro do qual procedem e no qual desembocam, e ali estimulam certo movimento que a natureza estabeleceu para fazer com que o espírito sinta a dor como se esta dor estivesse no pé. Mas, já que esses nervos precisam passar pela perna, pela coxa, pela região lombar, pelas costas e pelo pescoço para se estenderem dos pés até o cérebro, pode acontecer que – ainda que suas extremidades que se encontram no pé não sejam deslocadas, mas apenas algumas de suas partes que passam pela região lombar ou pelo pescoço – mesmo assim isso estimule no cérebro os mesmos movimentos que poderiam ser ali estimulados por um ferimento recebido no pé, em decorrência do qual será necessário que o espírito sinta no pé a mesma dor que sentiria se tivesse recebido ali um ferimento. E é preciso julgar algo semelhante a respeito de todas as outras percepções dos nossos sentidos.

Por fim, observo o seguinte: já que, dentre todos os movimentos que ocorrem na parte do cérebro em que o espírito recebe imediatamente a impressão, cada um deles causa apenas certa sensação, não se pode em relação a isso desejar nem imaginar nada melhor senão que esse movimento faça o espírito sentir, entre todas as sensações que é capaz de causar, aquela que é a mais própria e a mais ordinariamente útil à conservação do corpo humano quando este goza de plena saúde. Ora, a experiência nos mostra que todos as sensações que a natureza nos deu são como acabo de dizer e, portanto, nelas nada se encontra que não faça aparecer o poder e a bondade de Deus que as produziu.

Assim, por exemplo, quando os nervos localizados no pé são deslocados fortemente, e mais do que habitualmente, seu movimento, passando pela medula da espinha dorsal até ao cérebro, causa no espírito a impressão que o faz sentir algo, a saber, a dor como presente no pé, pela qual o espírito é advertido e estimulado a fazer o que lhe é possível para remover a causa como muito perigosa e nociva para o pé.

É verdade que Deus poderia constituir a natureza do homem de tal forma que esse mesmo movimento no cérebro levasse o espírito a sentir uma coisa totalmente diferente: por exemplo, que ele se fizesse sentir ele próprio, ou enquanto presente no cérebro, ou enquanto presente no pé, ou então enquanto presente em qualquer outro lugar entre o pé e o cérebro, ou, finalmente, qualquer outra coisa que possa ser; mas nada de tudo isso teria contribuído tão bem para a conservação do corpo quanto aquilo que o faz sentir.

Da mesma forma, quando precisamos beber, nasce daí certa secura na garganta que move seus nervos e, por meio deles, as partes internas do cérebro; e este movimento leva o espírito a experimentar a sensação da sede, porque nesse momento não há nada que nos seja mais útil do que saber que precisamos beber para a conservação de nossa saúde e, assim, no tocante às outras coisas.

Disso resulta totalmente evidente que, não obstante a soberana vontade de Deus, a natureza do homem, enquanto é composto de espírito e de corpo, não pode deixar de ser, às vezes, falha e enganadora.

Com efeito, se há alguma causa que estimula, não no pé, mas em alguma das partes do nervo que se estende desde o pé até o cérebro, ou mesmo no cérebro, o mesmo movimento que ocorre habitualmente quando o pé está maldisposto, sentir-se-á a dor como ocorrendo no pé, e o sentido será naturalmente enganado; isto porque, como um mesmo movimento no cérebro não pode causar no espírito senão uma mesma sensação, e esta sensação é estimulada muito mais frequentemente por uma causa que fere o pé do por uma outra que esteja alhures, é muito mais razoável que ele transmita ao espírito a dor do pé do que a dor de alguma outra parte. E, embora a secura da garganta não provenha sempre, como ocorre habitualmente, do fato de o beber ser necessário à saúde do corpo, mas às vezes provenha de uma causa totalmente oposta, como experimentam os hidrópicos, mesmo assim é muito melhor que ela engane nessa circunstância do que se, pelo contrário, enganasse sempre que o corpo está bem-disposto, e assim nos outros casos.

E, certamente, esta consideração me ajuda muito, não só para reconhecer todos os erros aos quais minha natureza está sujeita, mas também para evitá-los, ou para corrigi-los mais facilmente, porque – sabendo que todos os meus sentidos me indicam mais frequentemente o verdadeiro do que o falso no tocante às coisas que dizem respeito aos confortos ou desconfortos do corpo, e podendo quase sempre me servir de vários deles para examinar uma mesma coisa e, além disso, podendo usar minha memória para vincular e juntar os conhecimentos presentes aos passados, e meu entendimento que já descobriu todas as causas dos meus erros – não devo mais temer doravante que se encontre falsidade nas coisas que me são mais habitualmente apresentadas por meus sentidos. E devo rejeitar todas as dúvidas destes últimos dias, como hiperbólicas e ridículas, particularmente essa incerteza tão geral no tocante ao sono que eu não podia distinguir da vigília: pois agora encontro ali uma diferença muito notável, que consiste em que nossa memória não pode jamais vincular e juntar nossos sonhos uns aos outros e a toda a sequência de nossa vida, como ela habitualmente junta as coisas que nos ocorrem quando estamos despertos. E, com efeito, se alguém, quando estou desperto, me aparecesse repentinamente e da mesma forma desaparecesse – como fazem as imagens que vejo enquanto durmo –, de modo que eu não pudesse observar nem de onde ele viria nem para onde iria, não seria sem razão que eu o consideraria um espectro ou um fantasma formado em meu cérebro e semelhante aos que ali se formam quando durmo, e não um homem de verdade.

Mas, quando percebo coisas das quais conheço distintamente tanto o lugar de onde vêm quanto o lugar onde estão, e o tempo no qual me aparecem, e posso, sem nenhuma interrupção, ligar a sensação que delas tenho com a sequência do resto da minha vida, estou totalmente seguro de que as percebo quando estou desperto e não durante o sono. E não devo de modo algum duvidar da verdade dessas coisas se, após ter convocado todos os meus sentidos, minha memória e meu entendimento para examiná-las, nada me é informado por algum deles que se oponha àquilo que me é informado pelos outros. Com efeito, do fato de Deus não ser um impostor, segue-se, necessariamente, que eu não sou enganado nisso.

Mas, visto que a necessidade dos negócios nos obriga muitas vezes a nos determinarmos, antes de termos o lazer para examiná-las tão cuidadosamente, é preciso admitir que a vida do homem está sujeita a falhar muito frequentemente nas coisas particulares e, por fim, é preciso reconhecer a deficiência e a fraqueza de nossa natureza.

Vozes de Bolso

- *Assim falava Zaratustra* – Friedrich Nietzsche
- *O Príncipe* – Nicolau Maquiavel
- *Confissões* – Santo Agostinho
- *Brasil: nunca mais* – Mitra Arquidiocesana de São Paulo
- *A arte da guerra* – Sun Tzu
- *O conceito de angústia* – Søren Aabye Kierkegaard
- *Manifesto do Partido Comunista* – Friedrich Engels e Karl Marx
- *Imitação de Cristo* – Tomás de Kempis
- *O homem à procura de si mesmo* – Rollo May
- *O existencialismo é um humanismo* – Jean-Paul Sartre
- *Além do bem e do mal* – Friedrich Nietzsche
- *O abolicionismo* – Joaquim Nabuco
- *Filoteia* – São Francisco de Sales
- *Jesus Cristo Libertador* – Leonardo Boff
- *A Cidade de Deus – Parte I* – Santo Agostinho
- *A Cidade de Deus – Parte II* – Santo Agostinho
- *O conceito de ironia constantemente referido a Sócrates* –
  Søren Aabye Kierkegaard
- *Tratado sobre a clemência* – Sêneca
- *O ente e a essência* – Santo Tomás de Aquino
- *Sobre a potencialidade da alma* – De quantitate animae –
  Santo Agostinho
- *Sobre a vida feliz* – Santo Agostinho
- *Contra os acadêmicos* – Santo Agostinho
- *A Cidade do Sol* – Tommaso Campanella
- *Crepúsculo dos ídolos ou Como se filosofa com o martelo* –
  Friedrich Nietzsche
- *A essência da filosofia* – Wilhelm Dilthey
- *Elogio da loucura* – Erasmo de Roterdã
- *Utopia* – Thomas Morus
- *Do contrato social* – Jean-Jacques Rousseau
- *Discurso sobre a economia política* – Jean-Jacques Rousseau
- *Vontade de potência* – Friedrich Nietzsche
- *A genealogia da moral* – Friedrich Nietzsche
- *O banquete* – Platão
- *Os pensadores originários* – Anaximandro, Parmênides, Heráclito
- *A arte de ter razão* – Arthur Schopenhauer
- *Discurso sobre o método* – René Descartes
- *Que é isto – A filosofia?* – Martin Heidegger
- *Identidade e diferença* – Martin Heidegger
- *Sobre a mentira* – Santo Agostinho
- *Da arte da guerra* – Nicolau Maquiavel
- *Os direitos do homem* – Thomas Paine
- *Sobre a liberdade* – John Stuart Mill

- *Defensor menor* – Marsílio de Pádua
- *Tratado sobre o regime e o governo da cidade de Florença* – J. Savonarola
- *Primeiros princípios metafísicos da Doutrina do Direito* – Immanuel Kant
- *Carta sobre a tolerância* – John Locke
- *A desobediência civil* – Henry David Thoureau
- *A ideologia alemã* – Karl Marx e Friedrich Engels
- *O conspirador* – Nicolau Maquiavel
- *Discurso de metafísica* – Gottfried Wilhelm Leibniz
- *Segundo tratado sobre o governo civil e outros escritos* – John Locke
- *Miséria da filosofia* – Karl Marx
- *Escritos seletos* – Martinho Lutero
- *Escritos seletos* – João Calvino
- *Que é a literatura?* – Jean-Paul Sartre
- *Dos delitos e das penas* – Cesare Beccaria
- *O anticristo* – Friedrich Nietzsche
- *À paz perpétua* – Immanuel Kant
- *A ética protestante e o espírito do capitalismo* – Max Weber
- *Apologia de Sócrates* – Platão
- *Da república* – Cícero
- *O socialismo humanista* – Che Guevara
- *Da alma* – Aristóteles
- *Heróis e maravilhas* – Jacques Le Goff
- *Breve tratado sobre Deus, o ser humano e sua felicidade* – Baruch de Espinosa
- *Sobre a brevidade da vida & Sobre o ócio* – Sêneca
- *A sujeição das mulheres* – John Stuart Mill
- *Viagem ao Brasil* – Hans Staden
- *Sobre a prudência* – Santo Tomás de Aquino
- *Discurso sobre a origem e os fundamentos da desigualdade entre os homens* – Jean-Jacques Rousseau
- *Cândido, ou o otimismo* – Voltaire
- *Fédon* – Platão
- *Sobre como lidar consigo mesmo* – Arthur Schopenhauer
- *O discurso da servidão ou O contra um* – Étienne de La Boétie
- *Retórica* – Aristóteles
- *Manuscritos econômico-filosóficos* – Karl Marx
- *Sobre a tranquilidade da alma* – Sêneca
- *Uma investigação sobre o entendimento humano* – David Hume
- *Meditações metafísicas* – René Descartes
- *Política* – Aristóteles

Conecte-se conosco:

f facebook.com/editoravozes

[O] @editoravozes

Y @editora_vozes

▶ youtube.com/editoravozes

(C) +55 24 2233-9033

www.vozes.com.br

Conheça nossas lojas:

www.livrariavozes.com.br

Belo Horizonte – Brasília – Campinas – Cuiabá – Curitiba
Fortaleza – Juiz de Fora – Petrópolis – Recife – São Paulo

EDITORA VOZES LTDA.
Rua Frei Luís, 100 – Centro – Cep 25689-900 – Petrópolis, RJ
Tel.: (24) 2233-9000 – E-mail: vendas@vozes.com.br